Grammaire

Conjugaison

Direction éditoriale : Céline Lorcher
Édition : Anne-Sophie Tilly
Maquette couverture : Nicolas Piroux
Maquette et mise en page intérieur : STDI
Illustration de couverture : Sophie Rohrbach
Illustrations intérieures : Émilie Graebling et Sophie Rohrbach

N° de projet : 10248183 - Dépôt légal : février 2020
Achevé d'imprimer en France en février 2020 sur les presses de l'imprimerie Clerc

 - ISBN : 978-2-7256-3726-6
Police cursive SG Stylo - SG School
@4HEURES, 1er juillet 2003

1 Les types de phrases et les signes de ponctuation

Est-ce que tous les enfants du monde vont à l'école ?

Dans le monde, il y a plus de 100 millions d'enfants qui ne vont pas à l'école !
Dans les pays riches, presque tous les enfants ont la chance de pouvoir aller à l'école.
Dans certains pays pauvres, comme en Afrique par exemple, les enfants ne vont pas à l'école car beaucoup doivent travailler pour aider leurs parents.
Les filles, plus encore que les garçons, sont privées d'école ! Leurs parents les gardent à la maison pour faire les travaux ménagers : la cuisine, le ménage, la garde des petits frères et sœurs…
En France, l'instruction est obligatoire.

❶ Lis puis écris vrai ou faux.

Dans le monde, il y a un million d'enfants qui ne vont pas à l'école. …………

Partout dans le monde, les enfants vont à l'école. …………

Dans certains pays, beaucoup d'enfants ne vont pas à l'école. …………

Certaines familles pauvres envoient leurs enfants travailler. …………

Les garçons, plus encore que les filles, sont privés d'école. …………

Les filles restent à la maison pour garder les petits frères et sœurs. …………

❷ Fais ce qu'indique la consigne.

a) Souligne, d'une couleur différente, chaque phrase du texte.

b) Entoure en rouge le signe de ponctuation qui est à la fin de chaque phrase.

c) Écris le nombre de lecteurs nécessaire à une lecture poursuite : ……

3 **Colle les étiquettes des signes de ponctuation au bon endroit. Parfois, plusieurs réponses sont possibles.**

À quoi jouaient les enfants à la récréation ☐

Les garçons aimaient jouer au ballon ☐ à saute-mouton ☐ aux billes ☐

Les filles préféraient jouer à la marelle ☐ à la balle au mur ☐ à la corde à sauter ☐

4 **Lis ce petit texte. Compte le nombre de phrases et souligne chacune d'elles d'une couleur différente.**

Autrefois, il n'y avait pas de car de ramassage scolaire. Les enfants venaient à l'école à pied, même s'ils habitaient très loin ! La cantine n'existait pas. Les enfants apportaient un petit repas froid dans un panier : une pomme, un morceau de fromage, des noix, du pain…

5 **Récris les phrases en associant un groupe de mots de chaque colonne.**

À quelle heure	ta trousse, ton classeur, ton agenda…
Quelle joie	parle couramment l'anglais.
N'oublie pas de mettre dans ton cartable :	d'être dans la même classe que mes copains !
Mon enseignante	commence la classe ?

6 Relie d'un trait le signe de ponctuation, son nom et son rôle.

?	la virgule	Il termine une phrase qui pose une question.
!	les guillemets	Elle sépare des groupes de mots.
,	le point d'interrogation	Il termine une phrase qui exprime une émotion : joie, peur, etc.
« »	le tiret	Ils marquent le début et la fin des paroles d'une personne.
:	le point d'exclamation	Ils terminent une phrase qui reste en suspens.
…	le point	Il marque le changement de personne qui parle dans un dialogue.
.	les deux-points	Il termine une phrase.
–	les points de suspension	Ils servent souvent à présenter une liste ou une explication.

7 Recopie chaque phrase en ajoutant la majuscule et le point qui convient (. / ? / ! / …).

dépêchez-vous, le car va partir

....

ma petite sœur a déchiré sa robe

....

en France, l'instruction est obligatoire à partir de 6 ans

....

pour mon anniversaire, j'ai mille idées de cadeaux : une montre, des jeux vidéo, un vélo

....

....

comment s'appelle ton chien

....

8 Surligne au fluo les phrases où la virgule est correctement placée.

Je me lave toujours les, dents avant d'aller me coucher.

Tous mes amis sont arrivés : Fatou, Thomas, Youssef et Margot !

« Attention, tu vas te faire mal ! » crie la maman à son petit garçon.

9 **Lis ce dialogue entre Léa et Marion, puis place correctement les tirets.**

Léa téléphone à son amie Marion :

« Allô, bonjour. Pourrais-je parler à Marion, s'il vous plait ?

Oui, c'est moi. Léa, je t'ai reconnue !

Je t'appelle pour savoir ce que tu fais cet après-midi.

As-tu quelque chose de prévu ou aimerais-tu venir avec moi à la piscine ?

D'accord pour la piscine, quelle bonne idée, Léa ! Je demande l'autorisation à mes parents et je te rappelle tout de suite… »

10 **Lis la liste des mots. Écris deux phrases possibles, sur chaque ligne. N'oublie pas les majuscules et les points !**

Les enfants jouent au ballon dans la cour le maitre surveille

1re façon : ……………………………………………………………………………………

2e façon : ……………………………………………………………………………………

11 **Aujourd'hui, Mathilde n'est pas venue à l'école. Son amie Clémence lui envoie un petit message écrit avec son téléphone portable. Écris 3 ou 4 petits messages que les deux amies s'envoient. Utilise les signes ? ! .**

2 Les groupes dans la phrase

Le tunnel sous la Manche

Le 20 janvier 1986, Margaret Thatcher, Premier ministre du Royaume-Uni, et François Mitterrand, président des Français, entreprennent un gigantesque projet. Ils souhaitent développer les moyens de transport entre leurs pays. Ils veulent relier la France et l'Angleterre !

La Grande-Bretagne est une ile. Elle est séparée de la France par la Manche.

Les chefs d'État décident de faire creuser un tunnel sous la mer. Pendant huit ans, des ouvriers creusent le tunnel, avec courage.

Aujourd'hui, ce tunnel est l'un des plus longs tunnels sous-marins du monde !

En réalité, il est composé de trois tunnels indépendants. Les trains circulent dans les tunnels. Dans un premier tunnel, les trains roulent vers l'Angleterre. Dans un deuxième tunnel, ils roulent vers la France. Le troisième tunnel est réservé à la circulation des véhicules de secours.

Il y a trente ans, la traversée en ferry durait une heure et demie.

Aujourd'hui, en trente-cinq minutes seulement, les voyageurs rejoignent l'Angleterre !

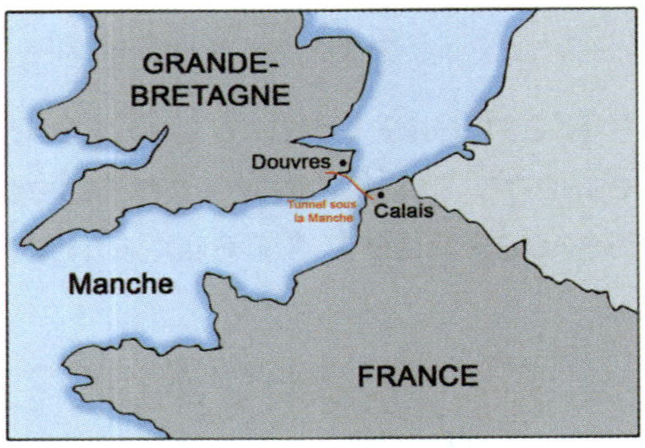

❶ Barre ce qui est faux.

L'Angleterre et la France ont une frontière terrestre.

En 1986, le président des Français s'appelle François Mitterrand.

Les chefs d'État de France et du Royaume-Uni décident de faire un tunnel pour relier leurs deux pays.

Le tunnel passe sous la mer.

Le tunnel relie la France et l'Irlande.

Traverser en bateau prend moins de temps que de passer par le tunnel.

❷ Fais ce qu'indique la consigne.

a) Encadre en bleu :

– dans la 1re phrase, le groupe de mots qui répond à la question : « *Qui est-ce qui entreprend un gigantesque projet ?* »

– dans la 6e phrase, le groupe de mots qui répond à la question : « *Qui est-ce qui décide de faire creuser le tunnel ?* »

b) Encadre en rouge :

– dans la 7e phrase, le groupe de mots qui indique ce que font les ouvriers.

– dans la dernière phrase, le groupe de mots qui indique ce que font les voyageurs.

c) Encadre en vert :

– dans la 6e phrase, le groupe de mots qui répond à la question : « *Où décide-t-on de creuser le tunnel ?* »

– dans la dernière phrase, le groupe de mots qui répond à la question : « *En combien de temps les voyageurs rejoignent-ils l'Angleterre ?* »

❸ Trouve les groupes de la phrase et colle les étiquettes dans les bons cadres.

Mes parents font un voyage en Italie tous les ans.

De qui parle-t-on ?	Que font-ils ?	Où ?	Quand ?

Colle une nouvelle phrase en changeant la place de deux groupes.

De qui parle-t-on ?	Que font-ils ?		

Colle une nouvelle phrase en supprimant un groupe.

De qui parle-t-on ?	Que font-ils ?	

4 Repasse en couleur les cadres des groupes suivants :

– en bleu, le groupe qui répond à la question « qui est-ce qui voyage ? ».

Mon voisin	voyage	très souvent.

– en vert, le groupe qui répond à la question « où ? ».

Le ferry	arrive	dans le port.

– en rouge, le groupe qui indique ce que font les passagers.

Les passagers	montent	dans le ferry.

– en vert, le groupe qui répond à la question « quand ? ».

Tous les matins,	je	prends le train.

5 Encadre les groupes dans chaque phrase :

– en bleu, les groupes qui indiquent de qui on parle.
– en vert, les groupes que l'on peut déplacer.
– en rouge, les groupes qui indiquent les actions.

Les trains circulent dans le tunnel. / Mes amis aiment l'Écosse.

Ce passager téléphone dans le train.

6 Barre les groupes que l'on peut supprimer, puis recopie la phrase. (N'oublie pas les points et les majuscules.)

Andréa	fait un stage	en Écosse.

Tous les jours,	des voyageurs	empruntent le tunnel.

Depuis deux ans,	mon frère	apprend l'anglais	au collège.

❼ Fais une croix sous les groupes que l'on peut déplacer et récris une nouvelle phrase.

Nous	prenons le ferry	ce matin.

Alexia	va à Londres	pendant les vacances scolaires.

Dans le ferry,	les touristes	prennent des photos.

❽ Encadre le groupe que tu peux déplacer et récris la phrase.

Le ferry traverse la mer en une heure et demie.

Vous empruntez le tunnel pour aller à Londres.

❾ Lis le texte puis récris-le en ajoutant les groupes suivants.

à six heures – rapidement – sur son dos – à toute vitesse – d'un trait tous les matins – en courant

...., M. Gépaltan se lève ....

...., il fait sa toilette et se rase.

Il s'habille .... et avale son café ....

Il charge son gros sac ...., puis il quitte la maison ....

3 La phrase : formes affirmative et négative

Les grands singes ont peur de l'eau !

Les enfants visitent le zoo. Ils rencontrent M. Pierre, le soigneur des singes.

Léa est un peu inquiète… Elle pose une question :

« Est-ce que les orangs-outans peuvent se sauver ?

– Non ! Les orangs-outans ne peuvent pas se sauver car les parcs sont entourés d'eau, répond M. Pierre.

– Mais ils savent nager ! s'exclame Léa.

– Non, ils ne savent pas bien nager. Ces grands singes n'aiment pas l'eau. Ils ne veulent pas se mouiller. Quand il pleut, pour se protéger de la pluie, ils se cachent sous de grandes feuilles d'arbres. Ils s'en servent comme d'un parapluie en attendant la fin de l'averse. Ils ne traversent pas un cours d'eau s'ils n'ont pas pied ! Pour cela, ils utilisent un bâton pour vérifier la profondeur.

– Ils ont peur de l'eau, mais ils n'ont pas peur de faire des acrobaties dans les arbres ! » réplique Max en riant.

❶ Coche ce qui est vrai.

- Les enfants visitent une exposition sur les grands singes. ☐
- M. Pierre exerce le métier de soigneur. ☐
- Les grands singes savent bien nager. ☐
- Les orangs-outans n'aiment pas l'eau. ☐
- Les singes se protègent de la pluie avec des parapluies. ☐
- Les orangs-outans utilisent un bâton pour évaluer la profondeur de l'eau. ☐

❷ Fais ce qu'indique la consigne.

a) Surligne en jaune la question que Léa pose à M. Pierre et en vert la réponse que M. Pierre fait à Léa.

b) Surligne en jaune la phrase « Mais ils savent nager ! » et en vert la phrase négative qui exprime le contraire.

c) Surligne en jaune la forme affirmative « Ils ont peur de l'eau » et en vert la forme négative qui explique de quoi les singes n'ont pas peur.

d) Cherche dans le texte toutes les phrases négatives, puis entoure en rouge les petits mots « ne » et « pas » ou « n' » et « pas ».

❸ Colle les étiquettes pour former une phrase affirmative et une phrase négative.

Les	Les	enfants	grands	singes	visitent	savent	le	zoo	nager	ne	pas	.	.

Phrase affirmative ➜ ....

Phrase négative ➜ ....

❹ Relie d'un trait la forme affirmative et la forme négative d'une même phrase.

Le gorille est le plus grand de tous les singes. •	• Les singes ne se font pas de grimaces pour communiquer entre eux.
Les singes se font des grimaces pour communiquer entre eux. •	• Les singes ne vivent jamais en bande.
Les singes vivent toujours en bande. •	• Ni l'Homme ni le singe n'appartiennent à la famille des primates.
L'Homme et le singe appartiennent à la famille des primates. •	• Le gorille n'est pas le plus grand de tous les singes.

❺ Surligne uniquement les phrases à la forme affirmative.

a. Le plus petit singe du monde est le ouistiti pygmée.

b. Le ouistiti pygmée mesure douze centimètres.

c. Le chimpanzé n'est pas le plus grand singe du monde.

d. Les singes ne vivent jamais seuls.

e. Un singe en colère montre ses dents en retroussant ses babines.

❻ Complète les phrases avec ces marqueurs de négation : ne … pas / n' … pas / ne … jamais / ne … rien

a. Au zoo, il .... faut .... donner de nourriture aux animaux.

b. Un enfant .... doit .... rentrer dans la cage d'un gorille !

c. Il .... faut .... lancer par-dessus les barrières des cages.

d. Les soigneurs ...... ont .... peur des animaux sauvages.

❼ Récris les phrases suivantes à la forme négative.

Il pleut aujourd'hui.

....

Tu oublies toujours de fermer le robinet !

....

Le singe grimpe dans l'arbre.

....

Ma petite sœur a peur des singes.

....

8 Récris les phrases suivantes à la forme affirmative.

Ma sœur n'oublie jamais de fermer la porte de la cage de son hamster.

....

Nous n'irons pas au musée dimanche.

....

Hier, je n'ai pas regardé le documentaire sur les singes.

....

Mon voisin ne travaille plus au parc zoologique.

....

9 Récris ces phrases en utilisant la forme négative correcte. Entoure les petits mots qui marquent la négation.

Qui a pas terminé son exercice ?

....

Je sais plus où sont mes clés !

....

Victor va jamais à la bibliothèque.

....

10 Écris quelques recommandations pour être poli, puis change la forme de tes phrases. Que penses-tu du résultat ?

Exemples :

Il faut dire bonjour aux autres. ➜ *Il ne faut pas dire bonjour aux autres.*

Nous ne devons jamais dire de gros mots ! ➜ *Nous devons toujours dire des gros mots !*

Bilan 1

Entoure la bonne réponse et calcule ton score (1 point par réponse exacte).

				Points
1. Faites attention au verglas ! 2. Faites attention au verglas ? 3. Faites attention au verglas, *La ponctuation est correcte dans la phrase…*	1	2	3	
1. À la tombola ma, petite sœur a gagné une poupée. 2. À la tombola, ma petite sœur a gagné, une poupée. 3. À la tombola, ma petite sœur a gagné une poupée. *La virgule est correctement placée dans la phrase…*	1	2	3	
As-tu terminé ton exercice *À la fin de cette phrase, il manque un…*	!	?	.	
Comme tu as grandi *À la fin de cette phrase, il manque un…*	point d'exclamation	point ordinaire	point d'interrogation	
Tu as enfin réussi ! *Cette phrase est une phrase…*	interrogative (qui pose une question)	exclamative (qui exprime l'étonnement)	exclamative (qui donne un ordre)	
Tous les matins, Tom mange des tartines beurrées. *Dans cette phrase, on peut déplacer le groupe…*	Tous les matins	Tom	des tartines beurrées	
Mon cousin joue du violon dans un orchestre. *Le groupe du verbe qui indique ce que fait « mon cousin » est…*	mon cousin	joue du violon	dans un orchestre	
Elle chante dans une chorale. *Le sujet qui répond à la question « qui est-ce qui chante ? » est…*	Elle	chante	dans une chorale	
1. Oscar ne prête jamais ses affaires ! 2. Oscar prête toujours ses affaires. 3. Oscar ne prête pas ses affaires. *Les phrases à la forme négative sont les phrases…*	2 et 3	1 et 2	1 et 3	
Tu écoutes souvent de la musique ! 1. Tu écoutes jamais de la musique ! 2. Tu n'écoutes pas souvent de la musique ! 3. Tu écoutes pas souvent de la musique ! *La phrase correctement écrite à la forme négative est la…*	phrase 1	phrase 2	phrase 3	
			Calcule ton score :	

4 Le verbe et le groupe du verbe

Nos voisins les Anglais

Les Anglais habitent en Grande-Bretagne. La Grande-Bretagne est une ile.

Les Anglais aiment leur reine, Elisabeth II. Des gardes protègent la famille royale.

Dans les magasins, les Anglais ne payent pas en euros. Ils conservent leur monnaie anglaise, la livre sterling.

Leurs habitudes alimentaires sont un peu différentes des nôtres. Le matin, ils prennent un petit-déjeuner copieux avec des œufs, du bacon, du pain grillé, de la confiture… parfois, des haricots à la tomate. Le midi, les écoliers ne mangent pas à la cantine. Ils apportent leur piquenique. Les Anglais adorent le thé. Ils en boivent très souvent.

Dans les voitures, le volant se trouve à droite, les Anglais roulent à gauche de la route. En France, c'est l'inverse, le volant se trouve à gauche et nous roulons à droite !

Peut-être qu'un jour, nous roulerons tous du même côté !...

❶ Lis puis écris vrai ou faux.

Comme les Anglais, les Français ont une reine. …………

La monnaie anglaise est la livre sterling. …………

En Grande-Bretagne, les Anglais payent leurs achats en euros. …………

Le matin, les Anglais prennent un petit-déjeuner frugal. …………

En Grande-Bretagne, le thé est très apprécié. …………

Les écoliers anglais apportent leur piquenique le midi. …………

En France, comme en Angleterre, les voitures roulent du côté gauche. …………

2 Fais ce qu'indique la consigne dans les phrases suivantes :

Les Anglais aiment leur reine, Élisabeth II.

Des gardes protègent la famille royale.

Dans les magasins, les Anglais ne payent pas en euros.

Le midi, les écoliers ne mangent pas à la cantine.

Les Anglais adorent le thé.

a) Surligne en jaune les phrases qui sont à la forme affirmative et souligne en bleu les phrases qui sont à la forme négative.

b) Entoure, dans les phrases négatives, les deux petits mots qui marquent la négation.

c) Encadre en rouge, dans les phrases négatives, le mot qui se trouve entre les deux petits mots « ne » et « pas ».

Comment appelle-t-on ce mot ? Ce mot est un ....

3 Mets les phrases affirmatives à la forme négative en collant les étiquettes dans le bon ordre. Puis, encadre en rouge les verbes conjugués et écris V au-dessus.

Les	Français	roulent	à	gauche.			Ils	adorent	le	thé.		
La	voiture	roulait	trop	vite.		ne	n'	pas	pas	pas	ne	

Phrase affirmative ➜ Les Français roulent à gauche.

Phrase négative ➜ ....

Phrase affirmative ➜ Ils adorent le thé.

Phrase négative ➜ ....

Phrase affirmative ➜ La voiture roulait trop vite.

Phrase négative ➜ ....

④ Barre, dans chaque liste, le mot qui n'est pas un verbe à l'infinitif.

voyager – partir – revenir – passager – arriver

habiter – conducteur – visiter – parcourir – quitter

décoller – aéroport – naviguer – voler – rouler

descendre – acheter – être – circuler – contrôleur

⑤ Choisis le verbe conjugué qui convient pour compléter chaque phrase.

ont – attendent – composte – montent
composter – avoir – attendre – monter

Les voyageurs .... le train sur le quai de la gare.

Les passagers .... dans l'avion.

Avant de monter dans le train, je .... mon billet.

Certaines personnes..................... le mal de mer en bateau.

⑥ Écris ces phrases à la forme négative et entoure le verbe en rouge.

Ma sœur parle anglais couramment.

Nous prenons le bateau pour aller en Angleterre.

Londres est la capitale de la France.

7 Entoure le verbe conjugué en rouge et écris son infinitif.

Mes grands-parents voyagent beaucoup. ....

Mon voisin enseigne l'allemand. ....

J'aime beaucoup la cuisine italienne. ....

Mon frère fait un stage en Angleterre. ....

8 Observe les mots soulignés et complète le tableau par « oui » ou « non ».

	Ce mot peut être encadré par « ne … pas ».	Ce mot change au futur.	Ce mot est un verbe.
Léo **porte** un sac très lourd.			
La **porte** est mal fermée.			
La **marche** de l'escalier est glissante.			
Magali **marche** vite.			

9 Utilise cette liste de verbes pour écrire des petites phrases qui indiquent le cri des animaux. Aide-toi de ton dictionnaire.

hennir – cancaner – blatérer – grogner – coasser – meugler – roucouler – bêler

5 La fonction sujet du verbe

La fracture

Ce matin, Timothée arrive avec des béquilles. Il a une jambe dans le plâtre.

Le maitre explique à ses élèves :

« Votre copain Timothée a la jambe cassée. Il n'a pas de chance. Il aura besoin de votre aide.

Timothée raconte :

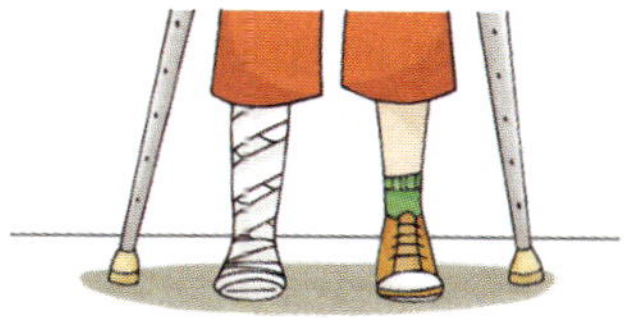

– Je suis tombé de cheval, un os de ma jambe droite est cassé.

Le maitre interroge ses élèves :

– À propos, savez-vous comment s'appellent les os de la jambe ?

Félix connait la réponse…

– Il y en a deux : le tibia et le péroné !

– Et comment s'appelle l'os le plus long de notre corps ?

Marie lève le doigt. Elle répond fièrement :

– L'os le plus long est le fémur ! Il se trouve dans notre cuisse.

Le maitre félicite les deux enfants.

– C'est très bien ! Et savez-vous comment s'appelle l'os le plus petit de notre corps ? Notre petit cavalier connait sûrement la réponse ! ajoute-il d'un ton malicieux.

Timothée regarde le maitre d'un air étonné.

Les élèves réfléchissent… Alors le maitre déclare :

– Le plus petit os se trouve dans notre oreille. Cet os s'appelle "l'étrier" ! »

❶ Coche ce qui est vrai.

Timothée a le bras cassé.	☐
Le maitre questionne ses élèves pour vérifier leurs connaissances.	☐
Le tibia est un os de la jambe.	☐
Le fémur est un os du bras.	☐
Timothée est étonné, car il ne connait pas les deux sens du mot « étrier ».	☐
Le cavalier met ses pieds dans les étriers, de chaque côté de la selle.	☐

❷ Fais ce qu'indique la consigne.

a) Cherche dans le dictionnaire la définition du mot « fracture » et recopie-la.

....

b) Encadre en bleu, dans le texte, le mot ou le groupe de mots qui permet de répondre à chaque question. Puis recopie-le.

– Qui arrive avec des béquilles ? ....

– Qui connait la réponse de la première question posée par le maitre ? ....

– Qui lève le doigt ? ....

– Qui félicite les deux enfants ? ....

– Qui regarde le maitre d'un air étonné ? ....

❸ Reconstitue les trois phrases en collant les étiquettes du groupe sujet du verbe et du groupe du verbe dans les cadres qui conviennent.

Le	maitre	interroge	ses	élèves.

Marie	et	Félix	lèvent	le	doigt.

Le	petit	garçon	raconte	sa	chute.

De qui parle-t-on ? Que fait-il ?

De qui parle-t-on ? Que font-ils ?

De qui parle-t-on ? Que fait-il ?

Ensuite, encadre en rouge les verbes conjugués et écris V au-dessus.

4 Récris les phrases en utilisant « C'est ... qui » puis souligne le sujet du verbe.

Pierre a une fracture du bras.

C'est Pierre qui ....

Le petit garçon a mal.

....

Le médecin remet son os en place.

....

En quelques semaines, l'os sera ressoudé.

....

5 Entoure le verbe en rouge et écris V au-dessus. Souligne le groupe sujet du verbe en bleu.

L'ensemble de tous les os de notre corps forme le squelette.

La rotule est l'os rond du genou.

Notre cage thoracique protège nos poumons et notre cœur.

Lors des matchs de football, les joueurs portent des protège-tibias.

6 Relie les groupes sujets et les verbes qui peuvent s'accorder.

Pierre •	• possédons une belle jument.
Nous •	• possèdent un cheval de course.
Mes cousins •	• possède un poney.
Ces vieux chevaux •	• boite encore après sa fracture.
Timothée •	• boitez de la jambe droite.
Vous •	• boitent.

7 Complète chaque phrase avec le verbe qui convient.

utilise – utilisent – retire – s'arrête – montrent – retirent – s'arrêtent – montre

La radiographie .... les os du corps.

Cette personne handicapée .... un fauteuil roulant.

La croissance des os .... vers l'âge de 20 ans.

Les infirmiers .... mon plâtre.

8 Complète chaque phrase avec le groupe sujet du verbe qui convient.

le ver de terre – ils – le chat et le chien – son corps – il

Comme nous, ... ont un squelette.

On dit qu' .... appartiennent à la famille des vertébrés.

.... n'a pas d'os. .... est tout mou.

On dit qu' .... appartient à la famille des invertébrés.

9 Recopie ce texte en commençant par « Mes sœurs... ». Fais attention aux accords des verbes.

Ma sœur mange beaucoup de produits laitiers. Elle est en pleine croissance. Elle pratique la natation régulièrement. Elle est bientôt plus grande que moi !

10 Écris des phrases en utilisant chaque nom de métier comme sujet du verbe. Aide-toi de la liste de verbes. Pense à écrire un article féminin ou masculin devant chaque nom.

médecin – ambulancier – pharmacien – infirmier – dentiste – chirurgien

écouter – transporter – arracher – ausculter – désinfecter – opérer

Bilan 2

Entoure la bonne réponse et calcule ton score (1 point par réponse exacte).

				Points
La petite fille tombe de son vélo. *Dans cette phrase, le verbe est le mot…*	tombe	fille	vélo	
Elle dépose un bouquet de roses sur la tombe. *Dans cette phrase, le verbe est le mot…*	tombe	bouquet	dépose	
1. travailler – marché – écouter – marcher – sauter 2. danser – avoir – aller – chanté – dormir 3. faire – prendre – lire – allumer – tomber *Dans quelle liste les verbes sont-ils tous à l'infinitif ?*	1	2	3	
1. Mon père a perdu sa montre. 2. Mon père montre sa nouvelle voiture à son ami. 3. Pierre a une montre connectée. 4. Montre-moi tes photos de vacances. *Le mot « montre » est un verbe dans les phrases…*	1 et 4	2 et 3	2 et 4	
Ce matin, la neige tombe à gros flocons. *Dans cette phrase, le groupe sujet du verbe est…*	tombe	matin	la neige	
Dans la classe, le maitre classe les livres. *Dans cette phrase, le groupe sujet du verbe est…*	la classe	le maitre	les livres	
1. Maman garde le chien des voisins. 2. Le chien garde la maison. 3. Pierre promène le chien en laisse. *Dans quelle phrase le mot « chien » est-il le sujet du verbe ?*	phrase 1	phrase 2	phrase 3	
Les élèves observent les abeilles dans une ruche. *Dans cette phrase, le groupe du verbe est…*	dans une ruche	Les élèves	observent les abeilles	
Le soir, nous allumons la lumière. *Dans cette phrase, le groupe sujet est…*	Le soir	nous	allumons la lumière	
1. Les écoliers arrive à l'école en retard. 2. Les écoliers arrivent à l'école en retard. 3. Les écoliers arrives à l'école en retard. *Le verbe est correctement écrit dans la phrase…*	1	2	3	

Calcule ton score : ☐

8 Le nom et le groupe du nom

Le caméléon

Aujourd'hui, dans la classe de madame Pezé, Medhi a préparé un exposé.

La maitresse montre des photos. Medhi lit son texte :

« Les caméléons sont des lézards. Leurs traces les plus anciennes remontent à 30 millions d'années. La majorité des espèces vit sur l'ile de Madagascar et en Afrique.

Les caméléons appartiennent à la famille des reptiles mais ils ne rampent pas. Ils marchent ou grimpent dans les arbres ou les buissons.

Dans les arbres, l'animal est un acrobate habile. Grâce à ses doigts qui forment une pince, il peut facilement s'accrocher aux branches. Il utilise aussi sa longue queue qu'il enroule autour des branches pour ne pas tomber.

Ce reptile surprenant possède des yeux capables de tourner dans tous les sens ; un œil peut regarder en l'air pendant que l'autre surveille le sol… »

❶ Barre ce qui est faux.

La scène se passe sur l'ile de Madagascar.

Le maitre montre des photos.

Medhi a préparé un exposé sur les caméléons.

Les caméléons vivent dans la mer.

Le caméléon grimpe dans les arbres.

Cet animal est un lézard.

2 Fais ce qu'indique la consigne.

a) Surligne en jaune deux noms propres qui désignent des personnes.

b) Surligne en rose :

- un nom qui désigne une partie du corps ;
- un nom propre qui désigne un lieu ;
- un nom commun qui désigne un lieu ;
- un nom qui désigne un animal ;
- un nom qui désigne un objet.

c) Recopie les noms et les déterminants au bon endroit dans le tableau.

	Groupes du nom	
 **noms propres**	 **déterminants**	 **noms communs**
....	....	....
....	....	....
....	....	....
....	....	....

3 Souligne en jaune les groupes nominaux et colle au-dessus des déterminants et des noms communs les figurines correspondantes.

Ma sœur regarde un livre.

Elle observe un caméléon.

Les caméléons et les tortues pondent des œufs.

❹ Souligne les groupes nominaux et écris D (pour déterminant) et NC (pour nom commun) au-dessus de chacun des mots qui les composent.

Les tortues, les crocodiles, les lézards et les serpents appartiennent à la famille des reptiles.

Le caméléon mange des insectes.

Avec sa langue, il capture des grillons, des mouches, des sauterelles, etc.

Cet animal passe son temps dans les arbres.

❺ Trouve un nom propre pour chaque nom commun.

Exemple : un musicien ➜ Vivaldi

un pays ➜ ....

une ville ➜ ....

un fleuve ➜ ....

un monument ➜ ....

❻ Trouve un nom commun pour chaque nom propre.

Exemple : le Brésil ➜ un pays

Louis XIV ➜ un ....

Rome ➜ une ....

Victor Hugo ➜ un ....

Pablo Picasso ➜ un...................................

Les Pyrénées ➜ des ....

7 Utilise les mots suivants pour écrire des groupes nominaux.

Déterminants : la – mon – une – un – ta – des – les – le – tes – deux

Noms communs : genou – main – yeux – doigt – pieds – dents – bouche – oreilles

2 GN au masculin / singulier ....

2 GN au féminin / singulier ....

2 GN au masculin / pluriel ....

2 GN au féminin / pluriel ....

8 Récris au pluriel ces groupes nominaux.

ma tortue ....

le lézard ....

la vipère ....

une couleuvre ....

9 Récris au singulier ces groupes nominaux.

mes tortues ....

des insectes ....

les crocodiles ....

tes animaux ....

10 Raconte une visite au zoo : utilise des groupes nominaux pour expliquer ce que tu as vu.

Au zoo, j'ai vu

9 Les déterminants

Le caméléon (suite)

Medhi affiche des **photos** au tableau puis il poursuit son **exposé** :

« La plupart du temps, le **caméléon** reste dans les **branches** des arbres à se chauffer au soleil.

Il reste sans bouger, à l'affut. Lorsqu'il est à bonne distance d'une **proie**, il détend brusquement sa **langue** qui va se coller sur l'**insecte**.

Cet **animal** n'est pas méchant et ne possède pas de venin. Il est souvent de couleur verte et son **ventre** est blanc. Pour se protéger de ses **ennemis**, le caméléon reste immobile. Sa couleur, sa peau formée d'écailles, son dos orné d'une crête lui permettent de se camoufler dans un **arbre**.

Mais suivant la **température** et ses émotions, il peut changer de couleur. De même que vos **joues** deviennent rouges quand vous êtes intimidés, un caméléon devient noir quand il a peur !

Ce **reptile** est vraiment très surprenant ! » déclare Medhi en fermant son **cahier**.

« Je te félicite pour ton travail ! » dit la maitresse.

❶ Écris vrai ou faux.

Avant de poursuivre son exposé, Medhi efface le tableau. ....

Medhi explique comment le caméléon attrape ses proies. ....

Il donne des explications sur la vie des insectes. ....

Le garçon explique que ce reptile peut changer de couleur. ....

Medhi déclare que le caméléon est vraiment très dangereux ! ....

La maitresse est contente du travail de Medhi. ....

❷ Fais ce qu'indique la consigne.

a) Entoure, dans le texte, les déterminants qui accompagnent les noms écrits en caractères gras puis recopie-les :

➜ ....

b) Entoure, dans ta liste, les déterminants qui sont des articles puis classe-les dans le tableau.

articles définis	articles indéfinis
....	....
....	....

❸ Écris un groupe nominal en complétant avec un déterminant ou un nom pour former un groupe nominal. Attention aux accords ! Ensuite, colle les figurines Déterminant et Nom commun au bon endroit.

le – la – les – les – un – une – des – mes – doigts – buisson – patte – famille

.... lézard	.... branches	.... peau
mes	une	.... couleur
.... caméléons	.... photos	.... arbre
un	la	.... insectes

❹ Souligne les déterminants et recopie les groupes nominaux en les classant dans le tableau.

ma tortue – un aquarium – ce serpent – sa morsure – la vipère – deux caméléons
ses œufs – cette fleur – quatre pattes – le lézard – des insectes

Le déterminant est un article.	Le déterminant indique ce que l'on possède.	Le déterminant indique ce que l'on montre.	Le déterminant indique le nombre.
....	....	....	....
....	....	....	....
....	....	....	....
....	....	....	....

❺ Récris les phrases en ajoutant les déterminants qui manquent.

.... femelles caméléons pondent .... œufs dans .... terre.

.... petits sortent de .... coquille au bout de huit mois.

.... cousins sont effrayés par .... serpent.

❻ Utilise les déterminants et les noms qui s'accordent pour écrire des groupes nominaux.

mon •	• genou
leur •	• oreilles
sa •	• jambe
nos •	• doigts
leurs •	• nez

....

....

....

....

....

7 Écris chaque phrase en utilisant le déterminant qui convient.

Exemple : Le livre est à toi. → *C'est ton livre.*

Le cahier est à lui. → C' ....

Le chat est à eux. → ....

La maison est à nous. → ....

Les chaussures sont à elles. → Ce ....

Les chiens sont à eux. → ....

8 Complète ce texte uniquement avec des articles (le, les, l', un, un, une, des).

Le mamba noir est .... serpent extrêmement dangereux.

On le rencontre au sud de .... Afrique.

Il peut atteindre .... longueur de 4 mètres.

.... crochets de ce serpent sont impressionnants.

Il possède .... venin qui attaque .... système nerveux .... proies qu'il mord.

9 Récris chaque nom en utilisant deux articles différents (défini et indéfini). Attention aux accords !

insecte : ....

sauterelles : ....

mouche : ....

moustique : ....

grillons : ....

10 Oscar a 3 ans : il fait encore des erreurs quand il parle. Récris les phrases en les corrigeant.

La petite sœur de nous pleure. ....

C'est ma papa et ma maman. ....

À l'école de moi, on fait du vélo. ....

La mamie de toi est gentille. ....

Bilan 3

Entoure la bonne réponse et calcule ton score (1 point par réponse exacte).

				Points
1. La jeune mère porte son enfant. 2. La porte est restée ouverte. 3. Héléna porte des gants rouges. *Le mot « porte » est un nom commun dans la phrase...*	1	2	3	
Renoir – Picasso – Van Gogh – Monet – Dalí – Kandinsky *Le nom commun qui désigne ces noms propres est…*	**écrivain**	**peintre**	**musicien**	
Un élève de la classe élève des têtards. *Dans la phrase, on compte .... groupes nominaux.*	2	3	4	
1. La tortue pond des œufs dans le sable. 2. La tortue pond des œufs dans le sable. 3. La tortue pond des œufs dans le sable. *Les groupes nominaux sont bien soulignés dans la phrase...*	1	2	3	
La piqure d'une vipère est dangereuse. *Le mot souligné est un déterminant et un...*	**article défini**	**article indéfini**	**nom**	
Dimanche, nous irons visiter la ferme des crocodiles. *Le groupe nominal souligné est au....*	**masculin singulier**	**féminin singulier**	**masculin pluriel**	
Les .... s'occupent des .... et des .... *Dans les groupes nominaux, les noms qui manquent sont…*	**soigneur crocodiles serpent**	**soigneurs crocodile serpents**	**soigneurs crocodiles serpents**	
1. Ma sœur montre une énorme tortue. 2. Maman la regarde. 2. Papa photocopie le crocodile. *Quel mot souligné n'est pas un article ?*	**une**	**la**	**le**	
le poisson – une grenouille – l'oiseau – des serpents les animaux – ma tortue – elle mange – un alligator *Parmi ces groupes de mots, lequel n'est pas un groupe nominal ?*	**elle mange**	**les animaux**	**l'oiseau**	
1. Les reptile pondent des œufs. 2. Le boa s'enroule autour de sa proies. 3. La grenouille gobe une mouche. *Les groupes nominaux sont bien accordés dans la phrase…*	1	2	3	

Calcule ton score :

L'adjectif (qualificatif)

La fête de la Chandeleur

Le 2 février, c'est le jour de la Chandeleur. Une tradition gourmande nous invite à faire des crêpes.

En famille ou avec ses meilleurs amis, on déguste des crêpes délicieuses…

Il y en a pour tous les gouts ! Des petites crêpes ou des grandes crêpes, des crêpes sucrées ou des crêpes salées, des crêpes moelleuses, des crêpes croustillantes, des crêpes fines, des crêpes épaisses…

Mais d'où vient cette tradition des crêpes ?

En France, cette coutume s'est développée au Moyen Âge.

La crêpe, avec sa forme ronde et sa belle couleur dorée, symbolisait le soleil, source de lumière.

En faisant les crêpes, il fallait respecter la coutume de la pièce d'or : faire sauter la première crêpe en tenant la poêle dans la main droite et une pièce d'or dans la main gauche. La crêpe devait se retourner en l'air et retomber à plat dans la poêle sans se plier. Si l'on réussissait, on était assuré de ne pas manquer d'argent dans l'année.

Parfois, on enroulait la pièce d'or dans la crêpe ; puis on déposait la crêpe en haut de l'armoire où elle restait jusqu'à l'année suivante. On récupérait alors les débris de la crêpe de l'an passé pour donner la pièce d'or au premier pauvre venu.

1 Coche ce qui est vrai.

- La fête de la Chandeleur est le 2 février. ☐
- Ce jour-là, on fait des gaufres. ☐
- Cette tradition s'est développée au Moyen Âge. ☐
- La forme ronde de la crêpe rappelle celle de la lune. ☐
- Pour respecter la tradition, il fallait faire sauter la première crêpe en tenant une pièce d'or dans une main. ☐

❷ Fais ce qu'indique la consigne.

a) Cherche dans le dictionnaire le sens des mots suivants puis recopie-le :

– tradition : ....

– coutume : ....

b) Dans le texte, surligne les mots, placés devant ou derrière le nom « crêpes », qui indiquent :

– la couleur des crêpes : ....

– la forme des crêpes : ....

– l'aspect des crêpes (comment elles sont) : ....

....

– le gout des crêpes : ....

❸ Souligne les groupes nominaux et colle les étiquettes des figurines au-dessus des déterminants, des noms et des adjectifs qualificatifs.

Mon petit frère gourmand aime les crêpes sucrées.

Ma grande sœur préfère les beignets moelleux.

Et moi, j'adore les gaufres croustillantes.

❹ Relie d'un trait l'adjectif et le nom qu'il complète.

une	boisson	•	•	fondue
du	café	•	•	appétissante
un	citron	•	•	pressé
une	galette	•	•	brulant
la	glace	•	•	pétillante

❺ Pour chaque nom souligné, recopie l'adjectif.

La galette est une <u>spécialité</u> bretonne. Elle est fabriquée avec de la farine de sarrasin, appelée aussi <u>blé</u> noir. C'est une délicieuse <u>crêpe</u> épaisse, de <u>couleur</u> brune.

– spécialité .... – crêpe ....

– blé .... – couleur ....

❻ Entoure tous les adjectifs qualificatifs et relie-les d'une flèche au nom qu'ils précisent.

Ma grand-mère cuisine de la bonne pâtisserie légère.

Mathéo mange une gaufre croustillante.

Mon dessert préféré est la crème anglaise vanillée avec des iles flottantes.

❼ Récris le texte en supprimant les adjectifs qualificatifs.

Pour réussir des crêpes succulentes, il faut faire une pâte fluide sans grumeaux, en mélangeant de la farine tamisée avec des œufs frais. Il faut ajouter du lait, une petite pincée de sel, un peu de beurre fondu et mélanger tous ces ingrédients.

8 Récris les groupes nominaux en remplaçant l'adjectif par un groupe nominal (GN) qui a le même sens. Puis remplace le groupe nominal par un adjectif qui a le même sens.

Adjectif → GN

une spécialité bretonne → une spécialité ....

une glace caramélisée → une ....

du sel marin → du ....

GN → adjectif

un sentier de montagne → un sentier ....

une randonnée à pied → une ....

un transport par la mer → un ....

9 Pour chacun des mots soulignés, écris s'il s'agit d'un nom ou d'un adjectif.

Maman casse des œufs et sépare les <u>jaunes</u> des blancs pour faire son gâteau. ....

Mario porte des chaussettes <u>jaunes</u>. ....

Léonie utilise des œufs et bat les <u>blancs</u> en neige pour faire des iles flottantes. ....

Couverts de neige, les sapins <u>blancs</u> sont magnifiques. ....

Je dois ranger ces nombres dans l'ordre <u>croissant</u>. ....

Le dimanche, Papa m'achète un <u>croissant</u> pour le petit-déjeuner. ....

10 Récris ce texte en remplaçant chaque adjectif par un adjectif de sens contraire et continue la description du village.

Dans le village Cradouille, on vit mal ! On se promène dans des rues sales, tristes et sombres. On ne voit que des fleurs laides et puantes. On y rencontre des gens coléreux, méchants, violents. Les maisons ont des murs noirs et des volets de couleurs ternes...

Dans le village Nickel, on vit bien ! On se promène dans des rues ....

....

....

....

13 Les accords dans le groupe du nom

D'où vient le mot « Chandeleur » ?

Le mot « Chandeleur » vient du mot chandelle.

À l'époque des Romains, il s'agissait d'une fête en l'honneur du dieu des bergers et de la nature : le dieu Pan.

Au début du mois de février, le soleil se lève de plus en plus tôt et se couche de plus en plus tard. Pour fêter l'arrivée du printemps et l'allongement du jour, les gens parcouraient les rues romaines toute la nuit en agitant des flambeaux.

Plus tard encore, au Moyen Âge, le jour de la Chandeleur, les gens organisaient des processions aux chandelles. Chaque croyant devait aller chercher, à l'église, un cierge allumé et le rapporter chez lui en faisant bien attention qu'il ne s'éteigne pas. Ce cierge devait leur porter bonheur pendant toute l'année.

Aujourd'hui, ces coutumes anciennes n'existent plus mais on a conservé la tradition des crêpes.

❶ Barre ce qui est faux.

Au début du mois de février, les jours commencent à raccourcir.

Le mot « Chandeleur » vient du mot « chandelle ».

Autrefois, les habitants défilaient dans les rues avec des flambeaux.

Ils fêtaient l'arrivée de l'hiver.

Chaque croyant devait rapporter chez lui un cierge éteint.

Le dieu de la nature et des bergers s'appelait le dieu Pan.

❷ Fais ce qu'indique la consigne.

a) Souligne, dans le texte, les groupes nominaux qui sont au pluriel.

b) Entoure en rouge, dans ces groupes nominaux, le déterminant et la lettre « s » qui termine le nom et l'adjectif, quand il y en a un.

Recopie deux groupes nominaux :

– un groupe nominal (D + NC) : ....

– un groupe nominal (D + NC + Adj.) : ....

❸ Écris les mots au bon endroit en respectant les accords dans le groupe.

trois – brioche – macarons – chaude – des – rondes

Colle les figurines, puis écris la nature du mot.

Déterminant	....	....
une	....	....

....	....	....
....	petits	....

....	....	....
....	tartes	....

4 **Relie d'un trait le déterminant, le nom et l'adjectif, puis écris les groupes nominaux.**

cinq •	• café •	• salés
une •	• boisson •	• gazeuse
un •	• gâteaux •	• chaud
mes •	• tarte •	• moelleuses
cette •	• crème •	• caramélisée
ta •	• madeleines •	• citronnée

5 **Entoure tous les adjectifs qualificatifs et relie-les d'une flèche au nom qu'ils précisent. Utilise une couleur différente pour chaque groupe de nom.**

Pan était un dieu joyeux et bruyant. C'était le dieu des bergers.

Il vivait dans les endroits sauvages, dans les forêts épaisses et les buissons touffus.

Pan était aussi un jeune dieu qui jouait de la flute.

6 **Complète le texte avec les adjectifs suivants en respectant les accords dans le groupe du nom.**

poilues – jeunes – frisés – recourbées – laid – gros – longue – longs

Pan est souvent représenté comme un homme .... avec des cuisses .... Il porte une .... barbe et des .... cheveux .... Sur la tête, il a deux cornes .... comme celles des béliers. À la place des pieds, il a des .... sabots de bouc. La légende dit que les .... filles qui le rencontraient dans la forêt avaient très peur de lui ; elles étaient paniquées !

7 Récris les groupes nominaux en faisant les accords.

un homme laid → des hommes ....

une femme ....→ des ....

une longue barbe → des ....

un ongle ....→ des ....

un ventre poilu → des ....

une cuisse ....→ des ....

8 Complète les groupes nominaux en ajoutant le mot qui manque (soit l'article, soit le nom, soit un ou plusieurs adjectifs).

des cheveux	.... hommes forts
une .... longue	une .... tordue
la forêt	les dents ....
une .... fille	un .... effrayant
le .... épais	la .... déesse

9 Imagine comment serait le dieu des gourmands s'il existait. Écris un petit texte pour le décrire (aide-toi du texte de l'exercice 6). Utilise des adjectifs.

Bilan 4

Entoure la bonne réponse et calcule ton score (1 point par réponse exacte).

				Points
Il faut manger des fruits et des légumes. *Les mots soulignés sont des…*	**noms communs**	**détermi-nants**	**verbes**	
Mon père épluche des courgettes. *Les mots soulignés sont des…*	**noms communs**	**détermi-nants**	**adjectifs**	
J'aime les grosses pommes croquantes. *Les mots soulignés sont des…*	**noms communs**	**détermi-nants**	**adjectifs**	
Notre chat avale un poisson cru. *Le groupe nominal souligné est au…*	**masculin singulier**	**féminin singulier**	**masculin pluriel**	
Nous avons un petit chat noir adorable. *Dans la phrase, on compte…*	**un adjectif**	**deux adjectifs**	**trois adjectifs**	
1. Tous les matins, je bois une orange pressée. 2. Maman a acheté une robe orange. 3. L'orange est un fruit juteux. *Le mot « orange » est un adjectif dans la phrase…*	**1**	**2**	**3**	
1. Les framboises mûre s'écrasent facilement. 2. Les framboises mûrs s'écrasent facilement. 3. Les framboises mûres s'écrasent facilement. *Le groupe du nom est bien accordé dans la phrase…*	**1**	**2**	**3**	
1. Mon père cueille des grosses tomates rouge. 2. Mon père cueille des grosses tomates rouges. 3. Mon père cueille des grosse tomate rouge. *Le groupe du nom est bien accordé dans la phrase…*	**1**	**2**	**3**	
Maman achète des .... abricots .... *Il faut compléter le groupe nominal avec les adjectifs…*	**petit secs**	**petits secs**	**petits sec**	
Tu dégustes ces .... pommes .... *Il faut compléter le groupe nominal avec les adjectifs…*	**délicieuse cuite caraméli-sées**	**délicieuses cuites caraméli-sées**	**délicieuse cuites caramélisé**	

Calcule ton score :

La tour Eiffel

Dans l'autocar, la guide donne des explications.

« Nous arrivons sur le Champ-de-Mars. Vous voyez la célèbre tour Eiffel, à votre droite. Nous allons monter au deuxième étage. »

Les touristes descendent du car. Au pied de la tour Eiffel, la guide distribue les tickets. Pendant ce temps, les touristes photographient la tour Eiffel.

La guide continue ses explications :

« En 1889, la France célèbre le centenaire de la Révolution. À cette occasion, on organise une grande exposition à Paris. Gustave Eiffel a l'idée d'un projet fou ! Il fait bâtir une très grande tour de fer, près de la Seine. Les ingénieurs terminent la construction deux ans plus tard.

À cette époque, c'est la plus haute tour du monde ! La tour Eiffel donne des idées à de nombreux sportifs : des alpinistes escaladent la tour courageusement. Un cascadeur monte au troisième étage et il saute en parachute. Un homme descend les escaliers à moto.

Le cirque Bouglione réussit même à faire monter sa plus vieille éléphante au premier étage !

De nos jours, la "Dame de fer" est l'un des monuments les plus visités au monde.

Bon courage à tous pour la montée ! Les moins courageux peuvent prendre l'ascenseur ! ... »

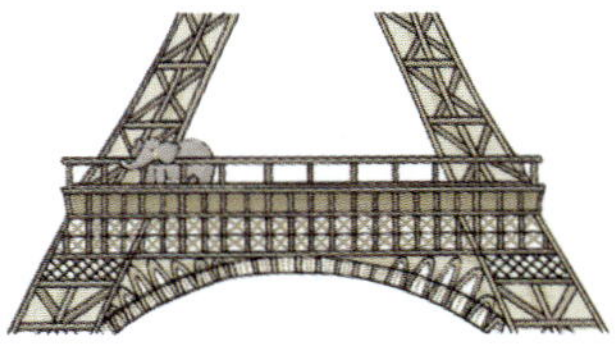

❶ Écris vrai ou faux.

Les touristes visitent la ville de Marseille. ....

En 1889, la France célèbre le cinquantenaire de la Révolution. ....

Gustave Eiffel fait construire une grande tour métallique. ....

La tour s'élève près de la Seine. ....

La construction dure cinq ans. ....

La « Dame de fer » est le surnom que l'on donne à la tour Eiffel. ....

❷ Fais ce qu'indique la consigne.

a) Souligne en vert :

– le groupe qui répond à la question « où ? » dans les phrases suivantes :

Nous arrivons sur le Champ-de-Mars.

Il fait bâtir une très grande tour de fer, près de la Seine.

– le groupe qui répond à la question « quand ? » dans les phrases suivantes :

Pendant ce temps, les touristes photographient la tour Eiffel.

Les ingénieurs terminent la construction deux ans plus tard.

– le groupe qui répond à la question « comment ? » dans la phrase suivante :

Un homme descend les escaliers à moto.

b) Trace une vague rouge sous le groupe qui répond à la question « quoi ? » dans les phrases suivantes :

À cette occasion, on organise une grande exposition à Paris.

Au pied de la tour Eiffel, la guide distribue les tickets.

❸ Reconstitue chaque phrase en collant les étiquettes dans le bon groupe. Souligne le verbe en rouge et trace en rouge une vague sous le complément du verbe. Surligne en bleu le cadre du sujet du verbe et en vert le cadre des compléments que l'on peut déplacer.

1re phrase : la | l'autocar, | des | guide | Dans | explications. | donne

2e phrase : la | célèbre | votre | tour | voyez | à | Vous | droite. | Eiffel

3e phrase : Avant | distribue | la | guide | la | les | visite, | tickets.

1re phrase

Complément (où ?)	Sujet du verbe	Verbe + complément du verbe (quoi ?)

2e phrase

Sujet du verbe	Verbe + complément du verbe (quoi ?)	Complément (où ?)

3e phrase

Complément (quand ?)	Sujet du verbe	Verbe + complément du verbe (quoi ?)

4 **Réponds par « oui » ou « non » à cette question : peut-on déplacer les groupes compléments écrits en gras ?**

À la fin du 19e siècle, Gustave Eiffel construit sa tour. ....

Gustave Eiffel installe son laboratoire **au troisième étage de la tour.** ....

On devait démolir **la tour** au bout de vingt ans. ....

Un équipe de peintres travaille **patiemment.** ....

On repeint la tour Eiffel **tous les 7 ans.** ....

Un homme descend les escaliers **à moto.** ....

5 **Recopie tous les compléments déplaçables en gras de l'exercice 4 et écris à quelle question ils répondent (Où ?, Quand ?, Comment ?).**

....	....
....	....
....	....

6 **Dans chaque phrase, encadre en rouge le groupe du verbe, encadre en bleu le groupe sujet du verbe, et encadre en vert le groupe complément qui peut se déplacer.**

Nous monterons à la tour Eiffel, dimanche prochain.

Les vacanciers découvrent Paris à bord d'un bateau-mouche.

La nuit, les touristes admirent les monuments illuminés.

Devant le musée du Louvre, tu photographies la pyramide.

7 **Récris chaque phrase de l'exercice 6 en déplaçant le complément.**

....

....

....

....

8 **Dans chaque phrase, encadre en bleu le groupe sujet du verbe, souligne en rouge le verbe et fais une vague en rouge (~~~~~~~~) sous le complément du verbe.**

Les vacanciers achètent des cartes postales. / Les enfants écrivent à leurs amis.

Mes grands-parents possèdent un camping-car.

9 **Complète les phrases avec un complément de verbe non déplaçable.**

De retour de vacances, Cécile montre ....

Ma sœur a perdu ....

Tous les matins, je mange ....

Mes parents ont acheté ....

10 **Complète les phrases avec un complément déplaçable. Choisis où mettre le complément. N'oublie pas les majuscules, les virgules et les points.**

Quand ? .... Léo téléphone à son amie ....

Où ? .... Marie joue au ballon ....

Comment ? .... Lucas écrit une lettre ....

11 **Écris un petit texte pour raconter ce qui se passe dans la cour. Utilise des compléments pour préciser : où se passe l'histoire ; quand se passe l'histoire ; à quoi jouent les enfants ; que font les enseignants. Écris un nom qui correspond à chaque définition.**

17 Des mots invariables

Avant le téléphone

Paul, l'animateur scientifique, invite aimablement les visiteurs à pénétrer dans la salle : « Entrez et installez-vous, j'espère qu'il y aura assez de places pour tous ! »

Les enfants rentrent silencieusement. Ils se dirigent vite vers les bancs. Les petits s'assoient devant. Les grands s'assoient derrière. Les adultes s'installent confortablement sur les chaises.

Paul parle fort :

« Bonjour à tous. Nous allons commencer la conférence mais, avant, je vous remercie de bien vouloir éteindre vos téléphones portables. » Puis il continue :

« Aujourd'hui, presque tout le monde possède un téléphone mobile. Les gens téléphonent souvent et les jeunes envoient beaucoup de textos ; mais comment faisaient les hommes autrefois pour communiquer ?

Depuis le début de l'humanité, partout dans le monde, les hommes ont toujours inventé des moyens pour communiquer entre eux : ici, des signaux de fumée, là, le bruit des tam-tams, ailleurs, des roulements de tambours…

L'écriture a été inventée puis, après, les hommes ont pu s'échanger plus facilement des messages sur papier ; cependant, il fallait toujours quelqu'un pour porter les messages : à pied, à cheval, en diligence…

Alors, les hommes ont cherché des moyens pour transmettre leurs messages plus rapidement… »

À suivre.

❶ Écris vrai ou faux.

Les visiteurs viennent assister à un spectacle. …………

Le conférencier est un animateur scientifique. …………

Le thème de la conférence est « l'histoire du téléphone ». …………

Avant l'invention de l'écriture, les hommes ne communiquaient pas. …………

Après l'invention de l'écriture, ils faisaient porter des messages écrits. …………

Les hommes ont essayé de communiquer plus rapidement. …………

❷ Fais ce qu'indique la consigne.

a) Souligne en vert, dans le texte :

– le mot qui indique que Paul invite les visiteurs de manière aimable.

– le mot qui indique que les enfants rentrent en silence.

– le mot qui indique que les adultes s'installent de manière confortable.

– le mot qui indique que les hommes ont pu s'échanger des messages avec facilité.

b) Entoure la terminaison de ces mots.

❸ Reconstitue la phrase en collant les étiquettes dans le bon groupe.

devant. | Les | s'assoient | petits

Groupe sujet du verbe	Groupe du verbe	Complément

❹ Écris les mots invariables en les classant dans le tableau.

beaucoup – aujourd'hui – bruyamment – assez – devant – vite – lentement – peu derrière – souvent – autrefois – ici

Des mots invariables indiquant la manière ➜ *Comment ?*	Des mots invariables indiquant le lieu ➜ *Où ?*	Des mots invariables indiquant le temps ➜ *Quand ?*	Des mots invariables indiquant la quantité ➜ *Combien ?*
....	....	....	....
....	....	....	....
....	....	....	....

❺ Complète avec le mot invariable qui convient. Aide-toi de cette liste :

aussitôt – déjà – enfin – toujours – depuis – avant – puis – après – alors – encore

Pour son anniversaire, mon frère a reçu son premier téléphone portable.

.................................., il est .... au téléphone !

.... réveillé, il prend son téléphone pour regarder ses messages.

.... déjeuner, il envoie un message à son copain.

.... déjeuner, il envoie un nouveau message.

.... il prend sa douche et s'habille et envoie

.... un message. Il reçoit .... la réponse.

........................, il sort en courant et il retrouve son copain qui l'attend dans la rue.

Il est .... l'heure de partir au collège !

6 Complète avec le mot invariable qui convient. Aide-toi de cette liste :

soudain – autrefois – aussitôt – maintenant – pendant

Un Indien observe la montagne. ...., il aperçoit des signaux de fumée.

........................, il court avertir ses amis du danger.

...................., les téléphones étaient reliés à des fils, on ne pouvait pas se déplacer avec.

........................, on peut les emporter n'importe où.

.... la guerre, les soldats envoyaient des messages codés en morse.

7 Entoure le mot invariable dans chaque phrase.

Les enfants courent vite.

Demain, nous partirons en vacances.

Mon petit frère ira bientôt à l'école maternelle.

Auguste répond poliment à sa maitresse.

Victor parle fort.

Hier, Matilda a téléphoné à ses grands-parents.

Ma petite sœur écrit correctement.

8 Cherche dans l'exercice 7 deux phrases qui répondent aux questions suivantes et recopie-les.

Quand ? ....

....

Comment ? ....

....

Étiquettes

Page 3, . . , , , , ! ! ? … …

Page 7, Mes parents font un voyage en Italie tous les ans . Mes parents font un voyage en Italie tous les ans . Mes parents font un voyage en Italie tous les ans .

Page 11, Les Les enfants grands singes visitent savent le zoo nager ne pas . .

Page 16, Ils adorent le thé. Les Français roulent à gauche. La voiture roulait trop vite. ne ne n' pas pas pas

Page 20, Le maitre interroge ses élèves. Marie et Félix lèvent le doigt. Le petit garçon raconte sa chute.

Page 43, la l'autocar, des guide Dans explications. donne la célèbre votre tour voyez à Vous droite. Eiffel Avant distribue la guide la les visite, tickets.

Page 47, devant. Les s'assoient petits

Page 50, ma grande sœur promène notre chien. Le matin, dans le jardin. Le chien enterre son os Tous soirs, les rapporte mon chat une souris.

Page 56, actuellement hier demain le mois dernier dans son enfance dans huit jours en ce moment regard regard regard regard regard regard je tu il / elle nous vous ils / elles e es e ons ez ent

Page 60, P E N S E R R E S T E R R E G A R D E R C H A N T E R S A U T E R P A R L E R

Page 65, je tu il / elle nous vous ils / elles je tu il / elle nous vous ils / elles je tu il / elle nous vous ils / elles vais vas va allons allez vont prends prends prend prenons prenez prennent viens viens vient venons venez viennent

Page 69, je tu il / elle nous vous ils / elles je tu il / elle nous vous ils / elles je tu il / elle nous vous ils / elles dis dis dit disons dites disent fais fais fait faisons faites font vois vois voit voyons voyez voient

Page 74, j' tu il / elle nous vous ils / elles j' tu il / elle nous vous ils / elles j' tu il / elle nous vous ils / elles étais étais était étions étiez étaient avais avais avait avions aviez avaient allais allais allait allions alliez allaient

Page 78, ais ais ait ions iez aient ais ais ait ions iez aient ais ais ait ions iez aient

Page 83, ai as a ons ez ont ai as a ons ez ont ai as a ons ez ont

Page 87, dirai ferai verrai

Page 93, tombé tombée tombés tombées allé allée allés allées

9 Récris la phrase en remplaçant le groupe de mots soulignés par un mot invariable.

Le médecin parle <u>avec gentillesse</u>.

....

Les élèves travaillent <u>dans le calme</u>.

....

Les enfants dessinent <u>avec soin</u>.

....

La famille fête Noël <u>dans la joie</u>.

....

10 Récris chaque phrase en utilisant le mot invariable qui exprime le contraire du mot souligné.

Mes parents vont <u>rarement</u> au cinéma.

....

Fatima lit <u>beaucoup</u>.

....

Mon voisin se lève <u>tôt</u>.

....

Ma sœur part à l'école <u>avant</u> moi.

....

Gaston marche <u>devant</u> le maitre.

....

11 Écris une recette de cuisine en utilisant les mots invariables suivants :

d'abord – puis – ensuite – enfin

21 Synthèse: fonctions des groupes de mots et classes de mots

1 Colle la bonne figurine devant chaque classe de mots.

ma, ta, sa
le, la, les
un, une, des

propre, grand,
intelligent, beau,
gentil, chaud

chat, fille,
fourchette,
garçon, maison

chanter, être,
avoir, faire,
parler, prendre

Gustave, Louise,
Italie,
Paris,

chantons, parlez,
avons, allait,
sont

2 Reconstitue les phrases en collant les étiquettes dans le bon groupe. Colle les figurines sous chaque mot.

1re phrase : ma | grande | sœur | promène | notre | chien. | Le | matin,

2e phrase : dans | le | jardin. | Le | chien | enterre | son | os

3e phrase : Tous | soirs, | les | rapporte | mon | chat | une | souris.

1re phrase

Complément (quand ?)	Sujet du verbe	Verbe + complément du verbe (quoi ?)

2e phrase

Sujet du verbe	Verbe + complément du verbe (quoi ?)	Complément (où ?)

3e phrase

Complément (quand ?)	Sujet du verbe	Verbe + complément du verbe (quoi ?)

3 Souligne le verbe en rouge et souligne le groupe sujet en bleu.

La semaine prochaine, les enfants seront en vacances.

Ma famille partira en Italie.

Nous visiterons la ville de Rome.

Maman écrira à ma tante.

Mon petit frère portera sa valise.

Le facteur distribuera le courrier.

4 Écris « vrai » ou « faux » après chacune des six phrases.

Sur le quai, [les voyageurs] attendent le train.

Le groupe encadré est le sujet du verbe ➜ ....

[Il] arrive en retard.

Le groupe encadré peut être supprimé ➜ ....

Une passagère [transporte une énorme valise.]

Le groupe encadré est le groupe du verbe ➜ ....

Le train démarre [bruyamment.]

Le groupe encadré peut être supprimé ➜ ....

Il s'arrête [dans plusieurs gares.]

Le groupe encadré ne peut pas être supprimé ➜ ....

[Pendant le voyage,] le contrôleur circule dans le train.

Le groupe encadré peut être déplacé. ➜ ....

5 Entoure la classe (la nature) du mot souligné.

Le <u>départ</u> en vacances s'annonce.

➜ *Adjectif qualificatif / Nom commun / Verbe*

Maman <u>a fermé</u> les valises.

➜ *Verbe / Déterminant / Adjectif*

Papa charge les bagages <u>volumineux</u> dans le coffre.

➜ *Nom commun / Adjectif / Déterminant*

Bientôt, <u>nous</u> serons au bord de la mer.

➜ *Nom propre / Adjectif qualificatif / Pronom personnel*

Nous oublierons l'école jusqu'à <u>la</u> rentrée !

➜ *Déterminant / Pronom personnel / Verbe*

6 Entoure dans la phrase un mot appartenant à la classe désignée.

Déterminant	➜ Mes parents partent en vacances en Italie.
Adjectif	➜ Ils visiteront la superbe ville de Rome.
Nom propre	➜ Le Colisée est un ancien théâtre romain.
Nom commun	➜ Il attire de nombreux touristes.
Verbe	➜ À leur retour, ils nous raconteront leur voyage !
Pronom personnel	➜ Nous regarderons les photos.

7 Encadre en rouge le groupe du verbe ; encadre en bleu le groupe sujet du verbe. Écris au-dessus de chaque mot l'initiale de sa nature : D – NC – V – NP – PP – Adj.

Mes amis visitent la Corse.

Ils font des randonnées pédestres.

Les touristes photographient les paysages magnifiques.

8 Écris :

– une phrase en utilisant le mot « avions » comme un verbe.

– une phrase en utilisant le mot « avions » comme un nom.

– une phrase en utilisant le mot « solide » comme un nom.

– une phrase en utilisant le mot « solide » comme un adjectif.

Bilan 5

Entoure la bonne réponse et calcule ton score (1 point par réponse exacte).

				Points
À la cantine, Alex mange beaucoup et sa sœur mange peu. *Les mots soulignés sont des…*	noms	adjectifs	mots invariables	
1. Le maitre parle… 2. La tortue marche… 3. Mon camarade écrit… *Il manque des mots appartenant à la classe des..*	mots invariables	pronoms personnels	détermi-nants	
1. Autrefois, on n'allait pas à l'école le jeudi. 2. Mon petit frère est né hier matin. 3. On se lave d'abord et on s'habille ensuite. *Les mots invariables soulignés indiquent....*	la manière (comment ?)	le temps (quand ?)	le lieu (où ?)	
Ce matin, Léonie apporte des bonbons. *Le groupe encadré est…*	le sujet du verbe	le verbe	le complé-ment du verbe, non déplaçable	
Demain, son frère apportera un gâteau. *Le groupe encadré est…*	le sujet du verbe	le complé-ment du verbe, non déplaçable	un complé-ment déplaçable	
Dans le parc, le jardinier taille les haies au printemps. *Le complément du verbe non déplaçable est....*	au printemps	les haies	dans le parc	
1. Tous les dimanches, nous marchons dans la forêt. 2. La tempête a déraciné un arbre. 3. Papa boit un café après après le repas. *On peut déplacer les groupes encadrés dans les phrases…*	1 et 2	1 et 3	2 et 3	
Le public applaudit la chanteuse à la fin de son concert. *Les mots soulignés appartiennent à la classe des…*	adjectifs	pronoms personnels	détermi-nants	
……… partirai bientôt en classe de neige avec mes camarades, ……… ferons du ski. *Il manque des mots appartenant à la classe des…*	adjectifs	pronoms personnels	détermi-nants	
1. Noam désire un petit chien. 2. Un petit chien aboie furieusement. 3. Au fond de la niche se cache un petit chien. 4. Deux méchants garçons embêtent un petit chien. *Le groupe « un petit chien » est un complément du verbe dans les phrases…*	1 et 3	1 et 4	2 et 3	
			Calcule ton score :	

6 Conjuguer un verbe

Le Soleil et la Terre

Aujourd'hui, les élèves assistent à la projection d'un documentaire. Le film se termine. Le conférencier rallume la lumière. Il dit :

« Je vous félicite, les enfants. Vous avez été très attentifs pendant le film. Qu'est-ce que vous avez appris ?

Antoine s'exclame :

– Je sais… Le Soleil est une énorme étoile ! Il réchauffe la Terre et il l'éclaire.

Auguste intervient :

– Moi, je le savais déjà !

– La Terre est ronde comme une orange, dit Mathilde.

– Autrefois, les gens imaginaient la Terre plate comme une galette ! ajoute le conférencier.

Mathilde continue :

– La Terre tourne sur elle-même sans arrêt, comme une toupie ! Elle met 24 heures pour faire un tour complet, c'est la durée d'une journée et d'une nuit.

Antoine intervient alors :

– Vous avez raison, mais vous oubliez de dire quelque chose ! Les rayons du Soleil n'éclairent pas toute la terre en même temps. Quand ils éclairent l'une des faces de la Terre, il fait jour ; mais l'autre face est dans la nuit.

Le conférencier s'exclame :

– Bravo, les enfants ! Lundi prochain, nous regarderons un nouveau film. J'expliquerai pourquoi les journées sont longues en été et courtes en hiver ! Et n'oubliez pas que, tous ensemble, nous devons protéger notre belle planète bleue…»

1 Coche ce qui est vrai.

Le sujet du film documentaire porte sur le Soleil et la Lune.	☐
Les enfants ont été inattentifs pendant la projection du film.	☐
Le Soleil est une étoile, il éclaire la Terre.	☐
La Terre tourne sur elle-même comme une toupie.	☐
Quand le Soleil éclaire une partie de la Terre, l'autre partie est dans la nuit.	☐
Les enfants regarderont un nouveau film jeudi prochain.	☐

❷ Fais ce qu'indique la consigne.

a) Souligne, dans le texte, la première phrase.

– recopie le mot invariable qui indique quand se passe la scène : ....

– entoure le temps de conjugaison de cette phrase : *Passé* *Présent* *Futur*

b) Souligne, dans le texte, la phrase qui commence par le mot « Autrefois ».

– entoure le temps de conjugaison de cette phrase : *Passé* *Présent* *Futur*

c) Souligne, dans le texte, une phrase qui est écrite au futur.

– recopie les mots qui indiquent quand se passera l'action : ....

❸ Colle les étiquettes selon les consignes.

a) Écris « PRÉSENT », « PASSÉ », « FUTUR » puis, dans les cadres, colle les étiquettes qui correspondent aux trois temps.

actuellement | hier | demain | le mois dernier | dans son enfance

en ce moment | dans huit jours

P _ _ _ _ _ _ ➜

P _ _ _ _ ➜

F _ _ _ _ ➜

b) Colle les étiquettes des pronoms personnels dans l'ordre de la conjugaison.
Conjugue le verbe *regarder* au présent en collant les étiquettes dans les cadres.
Colle au bon endroit les figurines Verbe conjugué et Pronom personnel.

REGARDER

4 Souligne le verbe de la phrase. Écris à quel temps se déroule l'action. Écris l'infinitif du verbe.

L'astronome observe le ciel.

temps :...................................... *infinitif du verbe :*..

Jadis, les astronomes observaient le ciel avec des lunettes astronomiques.

temps :...................................... *infinitif du verbe :*..

À notre époque, les astronomes étudient les astres avec des télescopes.

temps :...................................... *infinitif du verbe :*..

Cet astronaute français voyagera à bord du prochain vaisseau spatial.

temps :...................................... *infinitif du verbe :*..

5 Souligne le verbe en rouge, puis récris la phrase en ajoutant un indicateur de temps. Respecte le temps et la forme du verbe.

Dimanche prochain,	on observait le ciel avec une lunette.
Dans deux jours,	on imaginait la Terre plate.
Actuellement,	je regarderai un documentaire sur l'espace.
Au Moyen Âge,	vous visiterez le planétarium.
Aujourd'hui,	on observe le ciel avec des télescopes.
Autrefois,	vous visitez le planétarium.

1 ....

2 ....

3 ....

4 ....

5 ....

6 ....

6 Souligne le groupe sujet en bleu, puis recopie les phrases en remplaçant les groupes sujets par des pronoms personnels sujets.

Mes parents, ma sœur et moi arrivons au planétarium.

....

Ma mère achète les billets d'entrée.

....

Mon père et ma sœur s'installent au premier rang.

....

7 Souligne le pronom personnel sujet en bleu, puis recopie les phrases en remplaçant le pronom personnel par le groupe sujet qui convient.

Il demande le silence et éteint la lumière. (Le conférencier – La maitresse – Les professeurs)

....

Nous sommes plongés dans l'obscurité. (Ma famille – Les spectateurs – Ma famille et moi)

....

Enfin, ils éclairent la voute du planétarium… (les étoiles – des milliers de points lumineux – une lumière)

....

8 Écris deux textes en choisissant des mots de cette liste.

l'été dernier – l'été prochain – l'hiver dernier – l'hiver prochain
nous – vous – toute la famille – les petits – les grands
partirons – étiez – jouaient – joueront – profitait – feront – fera
en vacances – au bord de la mer – à la montagne – dans la neige
dans la forêt – sur la plage – du ski
du soleil – avec le sable – de grandes randonnées

7 Conjuguer les verbes du 1er groupe au présent

Un animal dangereux

La maitresse explique :

« Certains animaux présentent un vrai danger pour l'homme. Savez-vous quel est l'animal le plus dangereux en Afrique ?

– Je pense que c'est le lion ! dit Paul.

– Et toi, Louna, qu'est-ce que tu penses ?

– À mon avis, c'est le rhinocéros.

– L'animal le plus dangereux pour l'homme n'est ni le lion ni le rhinocéros, mais l'hippopotame. Si vous pensez que cet animal est un gros pataud bien paisible, vous vous trompez ! Nous pensons souvent qu'un animal herbivore n'est pas dangereux et nous avons tort ! Quand il reste dans l'eau, l'hippopotame renverse souvent les embarcations. Quand il est sur la terre, il charge facilement à une vitesse pouvant atteindre 40 km/h. Les hippopotames pèsent entre 1 500 et 3 200 kg. Ils possèdent des mâchoires énormes et ils utilisent leurs longues canines pour se battre. Les hippopotames provoquent souvent des accidents et, chaque année, ils tuent plusieurs centaines de personnes. Les Africains craignent plus l'hippopotame que le lion ! »

❶ Barre ce qui est faux.

La scène se passe en Afrique.

La maitresse pose des questions à ses élèves.

Louna pense que le rhinocéros est l'animal le plus dangereux.

L'hippopotame est un animal carnivore.

Les hippopotames utilisent leurs cornes pour se battre.

Dans l'eau, les hippopotames peuvent renverser les embarcations.

❷ Fais ce qu'indique la consigne.

a) Cherche toutes les formes conjuguées du verbe « penser », dans le texte.

Souligne-les en rouge et entoure en bleu les pronoms personnels sujets du verbe qui les accompagnent.

b) Recopie les pronoms personnels sujets, puis ajoute ceux qui manquent :

....

❸ Découpe les étiquettes pour séparer le radical et la terminaison de chaque verbe à l'infinitif. Colle-les dans les cadres.

	radical	terminaison		radical	terminaison
penser ➜			chanter ➜		
rester ➜			sauter ➜		
regarder ➜			parler ➜		

❹ Entoure en rouge les verbes du 1er groupe qui se conjuguent comme *penser* (verbes qui se terminent par ER).

chanter finir manger savoir prendre

lancer avoir alerter voir crier

❺ Conjugue au présent chaque verbe du 1er groupe de l'exercice précédent avec le pronom personnel « nous ».

Exemple : chanter ➜ nous chantons

6 Entoure la forme verbale qui s'accorde avec le pronom personnel sujet.

Il	laves – lave – lavent	le sol de la cuisine.
Nous	mangeons – manges – mangent	un fruit tous les matins.
Je	chantent – chantes – chante	dans une chorale.
Elles	nage – nages – nagent	dans le grand bain.
Tu	récite – récites – récitent	un poème.
Vous	lancer – lancez – lancé	le ballon à votre équipière.
On	mélange – mélangent – mélanges	les ingrédients du gâteau.

7 Écris un pronom personnel sujet qui peut s'accorder avec la forme conjuguée du verbe.

.... participent à un safari.

.... nagez avec les dauphins.

.... observe un rhinocéros.

.... commençons notre séjour en Afrique.

.... protège les éléphants des chasseurs d'ivoire.

.... photographies un lion endormi.

8 Complète les verbes avec les terminaisons correctes du présent.

Nous essuy.............. les verres de nos jumelles.

Les voyageurs écout.............. le guide avec attention.

Est-ce que vous aim.............. les animaux sauvages ?

La conductrice roul.............. lentement sur les pistes.

Je cri.............. à la vue d'un serpent.

Tu admir.............. un troupeau de zèbres !

9 Récris les formes conjuguées en changeant de personne.

tu jettes ➜ vous ....

elle téléphone ➜ elles ....

je lance ➜ nous ....

il cherche ➜ ils ....

je crie ➜ nous ....

10 Recopie ces phrases en conjuguant au présent les verbes entre parenthèses.

Le cobra royal .... d'une seule morsure un éléphant. (tuer)

Tu .... un reportage sur les serpents. (regarder)

Le scorpion .... son venin mortel. (injecter)

Nous .... les girafes et leurs girafons. (admirer)

Je .... beaucoup en Afrique. (voyager)

11 Décris les différentes étapes de cette scène. Aide-toi de ces verbes :

chasser – guetter – attaquer – tuer – dévorer – traquer – se reposer – digérer

Entoure la bonne réponse et calcule ton score (1 point par réponse exacte).

				Points
Ma grand-mère écoutait la radio tous les matins. *Le verbe est conjugué au temps…*	passé	présent	futur	
Nos grands-parents arriveront demain par le train. Ils nous apporteront sûrement des cadeaux ! *Les verbes sont conjugués au temps…*	passé	présent	futur	
Tous les vendredis, nous allons au marché pour acheter des légumes et des fruits. *L'infinitif du verbe conjugué est…*	marcher	aller	acheter	
Le dentiste explique les règles d'hygiène dentaire : « Brossez-vous les dents avant d'aller au lit, évitez de manger trop de sucreries. » *Dans cet énoncé, les verbes à l'infinitif sont…*	explique manger	aller manger	brossez évitez	
Quand …… rentrez de l'école, ……… posez votre cartable et ……… goutez. *Dans ces phrases, il manque le pronom personnel…*	vous	il	nous	
Sami et Louis ……… des cailloux dans le ruisseau. *Dans cette phrase, le verbe « lancer » s'écrit…*	lances	lance	lancent	
Mon voisin ………… se promener dans la campagne avec son chien. *Dans cette phrase, le verbe « aimer » s'écrit…*	aiment	aimes	aime	
Vous ………… toutes les lumières et vous ………… de les éteindre ! *Dans cette phrase, les verbes qui conviennent sont…*	allumé oubliez	allumez oublier	allumez oubliez	
……… ne manges pas d'épinards ! ……… n'aimes pas les haricots verts ! …… détestes les endives ! …… n'aimes rien ! *Dans ces phrases, il manque le pronom personnel…*	Elle	Tu	Nous	
1. Le cycliste tournent à gauche. 2. Le cycliste tourne à gauche. 3. Le cycliste tournes à gauche. *Le verbe est correctement écrit dans la phrase…*	1	2	3	
			Calcule ton score :	

10 Conjuguer les verbes *être*, *avoir*, *aller*, *prendre*, *venir* au présent

La visite au musée

Aujourd'hui, la classe de CE2 est de sortie.

« Bienvenue au musée du Louvre de Paris, les enfants ! Vous avez de la chance car vous êtes ici dans l'un des plus grands et des plus célèbres musées au monde… Je m'appelle Mylène, je suis votre guide et je vais vous faire découvrir de somptueuses œuvres d'art… Suivez-moi, nous allons d'abord admirer les sculptures de l'Antiquité grecque et romaine.

Sur le chemin, les enfants sont impressionnés par la taille des statues, elles ont des pieds énormes ! Les élèves admirent des bustes de femmes, la *Vénus de Milo* dont les bras n'ont jamais été retrouvés, ou encore l'effrayante statue du *Guerrier combattant* !

– Les enfants, vous venez de pénétrer dans la salle des peintures italiennes.

Des touristes du monde entier viennent ici pour contempler une œuvre célèbre de Léonard de Vinci. Je prends le pari que vous la connaissez… J'ai le plaisir de vous présenter Mona Lisa, plus connue sous le nom de La Joconde.

Les élèves étudient en détail le portrait, ils prennent le temps d'observer les couleurs, les ombres et les lumières, le regard et le mystérieux sourire de la jeune dame. Puis Mylène déclare :

– Maintenant, nous prenons l'escalier pour rejoindre la salle des antiquités égyptiennes. Vous allez voir des sarcophages datant du temps des pyramides…

En route, sur la trace de Champollion ! »

1 Lis puis écris vrai ou faux.

Les élèves d'une classe visitent le musée d'Art moderne à Paris. …………

Le musée du Louvre expose des œuvres d'art. …………

Les élèves admirent la sculpture de la *Vénus au bain.* …………

La sculpture de la *Vénus de Milo* n'a pas de bras. …………

La Joconde a été peinte par Léonard de Vinci. …………

Les écoliers vont voir des sarcophages égyptiens. …………

2 Fais ce qu'indique la consigne.

a) Cherche qui était Champollion.

b) Souligne en noir, dans le texte, les formes conjuguées du verbe « être » puis recopie-les :

« la classe de CE2 .... de sortie » / « vous .... ici » / « je .... votre guide » / « les enfants .... impressionnés »

c) Souligne en vert les formes conjuguées du verbe « avoir » puis recopie-les :

« vous .... de la chance » / « elles .... des pieds énormes » / « j'...... le plaisir »

d) Souligne en bleu les formes conjuguées du verbe « aller » puis recopie-les :

« je ...... vous faire découvrir » / « nous .... d'abord admirer » / « vous .... voir »

3 Écris la conjugaison des verbes *être* et *avoir* au présent.

ÊTRE				AVOIR			
Je	....	Nous	....	J'	....	Nous	....
Tu	....	Vous	....	Tu	....	Vous	....
Il / Elle	....	Ils / Elles	....	Il / Elle	....	Ils / Elles	....

4 Colle au bon endroit les figurines Pronom personnel et Verbe conjugué. Colle les pronoms personnels dans l'ordre de la conjugaison. Conjugue au présent les verbes en collant les étiquettes.

ALLER PRENDRE VENIR

5 Entoure tous les verbes qui s'accordent avec le pronom personnel sujet.

elle	est – va – prends – vient – a	on	prends – est – ont – viennent
nous	avons – allons – venons – sommes	tu	vient – es – vas – as
je	vais – viens – va – suis – prend	vous	êtes – prenez – allez – avez

6 Entoure tous les sujets qui s'accordent avec le verbe.

Il / Mon frère / Elles / Tu / On	va au musée.
Je / Ma mère / Tu / Il / Nous	prends les billets d'entrée.
Tu / On / Le guide / Je / Elle	vient accueillir les visiteurs.
Nous / Vous / Il / Ils / Le groupe	va à la découverte de la vie des pharaons.
Vous / On / Je / Tu / Ils / Les touristes	sont admiratifs devant toutes les œuvres d'art.

7 Récris les phrases en les accordant avec le pronom personnel sujet indiqué.

Je vais enfin voir la célèbre *Vénus de Milo*.

Nous ....

Est-ce que tu viens visiter le musée avec moi ?

Est-ce que vous..

As-tu déjà vu le portrait de *La Joconde* ?

.... -vous ....

Il va visiter les pyramides dès demain matin.

Ils ....

8 Complète les phrases en conjuguant au présent les verbes *être, avoir* ou *aller*.

Tu .... en admiration devant les trésors égyptiens.

Champollion .... celui qui .... déchiffré les hiéroglyphes.

Mes parents .... régulièrement visiter le Louvre.

Nous .... une reproduction de *La Joconde* affichée en classe.

Vous .... passionnés par l'Égypte antique.

❾ Complète les verbes en conjuguant au présent les verbes *venir, aller* ou *prendre*.

Tu .... une photo de la pyramide du Louvre.

Ce matin, vous .... visiter le musée.

Elles .... voir la momie égyptienne.

Il .... un billet d'entrée pour le musée.

❿ Complète les phrases avec les verbes *être, avoir* ou *aller* conjugués au présent.

La pyramide du Louvre .... une pyramide de verre et de métal.

Les touristes .... se faire photographier devant.

On l' .... construite au milieu de la cour Napoléon du musée du Louvre à Paris.

Nous .... voir la sculpture du *Guerrier combattant*.

L'autre nom de la sculpture .... le *Gladiateur Borghèse*.

⓫ Récris les formes conjuguées en les accordant avec le pronom personnel indiqué.

tu es	➜	vous	je viens	➜	vous ....
elle a	➜	elles	nous allons	➜	on ....
je vais	➜	nous	ils sont	➜	il ....
il va	➜	ils	vous venez	➜	je ....
je prends	➜	nous	elles prennent	➜	tu ....

⓬ Écris une phrase pour chaque image. Utilise les verbes *être, prendre, aller, venir*.

11 Conjuguer les verbes *pouvoir, vouloir, dire, faire, voir* au présent

Les personnes non-voyantes

Éric, un jeune homme aveugle, vient parler de son handicap dans notre classe. Nous sommes tous impatients et nous voulons tous lui poser des questions !

« Quand je vais dans la rue, je prends toujours ma canne blanche. Comme je ne vois pas le chemin, je fais des mouvements de gauche à droite avec ma canne et je peux ainsi détecter à temps les obstacles.

– Vous dites que vous ne voyez pas si le feu est rouge, alors comment vous faites pour traverser la rue ? interroge Héléna.

– Certains feux sont équipés d'un signal sonore qui prévient les non-voyants quand le feu passe au vert. Certaines personnes possèdent un chien guide, elles peuvent se déplacer plus facilement, monter et descendre les escaliers en confiance car leur chien est dressé et il peut éviter tous les obstacles : les marches, les trottoirs, les poteaux…

– Est-ce que vous pouvez vous servir d'un ordinateur ? dit Jules.

– Nous ne voyons pas, mais grâce à un clavier particulier qui a un alphabet en braille dans lequel chaque lettre est représentée par des points en relief, nous passons nos doigts dessus pour lire. Si tu veux, mon garçon, je l'apporterai à ma prochaine visite. »

1 Coche ce qui est vrai.

Éric est un jeune homme sourd et muet. ☐

Il utilise une canne blanche pour se guider dans la rue. ☐

Tous les feux de signalisation sont équipés d'un signal sonore. ☐

Les chiens guides sont dressés pour aider leur maitre à se déplacer. ☐

Les personnes non-voyantes ne peuvent pas se servir d'un ordinateur. ☐

L'alphabet braille permet aux personnes non-voyantes de lire « avec les doigts ». ☐

❷ Fais ce qu'indique la consigne.

– Surligne les formes du verbe *vouloir* en bleu,

– celles du verbe *voir* en rose,

– celles du verbe *pouvoir* en jaune,

– celles du verbe *dire* en vert,

– celles du verbe *faire* en orange.

❸ Écris la conjugaison des verbes *pouvoir* et *vouloir* au présent.

	POUVOIR		VOULOIR
Je	....	Je	....
Tu	....	Tu	....
Il / Elle	....	Il / Elle	....
Nous	....	Nous	....
Vous	....	Vous	....
Ils / Elles	....	Ils / Elles	....

❹ Colle au bon endroit les figurines Pronom personnel et Verbe conjugué. Colle les pronoms personnels dans l'ordre de la conjugaison. Conjugue au présent les verbes en collant les étiquettes.

DIRE

FAIRE

VOIR

5 Entoure tous les verbes qui s'accordent avec le pronom personnel sujet.

elle dis – voit – peut – fais – dit – veulent
nous pouvons – disent – voyons – veux – faisons
je veut – vois – fait – peux – dis
ils voient – font – peut – veulent – disent
tu fais – dit – veux – voit – peux
vous dites – peuvent – faites – voyez – voulons
on peux – fait – voient – dit – veut

6 Récris les phrases en les accordant avec le pronom personnel sujet indiqué.

Je ne vois rien.
Nous...

Est-ce que tu peux nous aider ?
Est-ce que vous..................................
....

Ils font traverser la rue aux enfants.
Il...

Elle veut s'occuper des enfants handicapés.
Elles..
....

7 Complète les phrases en conjuguant au présent les verbes *dire* et *faire*.

Tous les matins, je .... bonjour à mes parents et je leur .... une bise.
Tu .... un gâteau et tu .... : « C'est bon ! »
Elle .... le petit-déjeuner et elle .... : « C'est prêt ! »
Vous .... au revoir à vos amis, et vous leur .... un signe amical.

8 Complète les phrases en conjuguant au présent les verbes *vouloir* et *pouvoir*.

Si tu .... , tu .... venir avec moi au cinéma.
Quand elle .... quelque chose, elle .... tout obtenir de sa grand-mère.
Si vous ...., je .... vous conduire à la gare.
Nous .... souvent ce que nous ne .... pas avoir.

9 Écris un pronom personnel sujet qui peut s'accorder avec le verbe.

.... dites toujours la vérité.
.... veulent apprendre la langue des signes.
.... peut pratiquer un sport même en étant non-voyant.
.... faisons une partie de dames.
.... vois mieux avec des lunettes.

⑩ Récris les verbes conjugués en changeant de personne.

tu dis	➜	vous	je fais	➜	vous ....
elle fait	➜	elles	nous pouvons	➜	on ....
je vois	➜	nous	ils disent	➜	il ....
il peut	➜	ils	je veux	➜	nous ....

⑪ Complète les verbes avec les terminaisons correctes du présent.

Vous pouv......... aider les personnes non-voyantes à traverser la rue.

Les non-voyants ne voi......... pas mais peuv......... lire grâce au toucher.

Un sportif non-voyant peu......... participer aux jeux paralympiques.

Je fai......... un stage pour apprendre à lire en braille.

Nous voul......... accueillir un chien guide pour l'éduquer.

⑫ Complète les phrases en conjuguant au présent les verbes entre parenthèses.

Benoît .... regarder le match de tennis. (vouloir)

Les handicapés .... jouer au basket en fauteuil roulant. (pouvoir)

Vous .... que vous aimez le sport (dire)

mais vous n'en .... jamais ! (faire)

Nous .... des enfants jouer au football. (voir)

⑬ Modifie le texte en remplaçant les verbes soulignés par l'un des verbes suivants, en le conjuguant : *dire – faire – voir – vouloir – pouvoir.* Les verbes peuvent être mis à la forme négative.

<u>C'est</u> la nuit. Dans leur chambre, Émile et sa sœur ne <u>réussissent</u> pas à dormir : ils <u>aperçoivent</u> des ombres sur les rideaux.

– Tu <u>aperçois</u> la gueule ouverte du monstre sur le rideau ? <u>déclare</u> Rosalie, tremblante.

– Au secours Papa, Maman ! Le monstre <u>souhaite</u> nous manger !

Bilan 7

Entoure la bonne réponse et calcule ton score (1 point par réponse exacte).

				Points
Tu ...... chez le coiffeur parce que tu .... les cheveux trop longs. *Les verbes conjugués qui conviennent sont...*	va a	vas a	vas as	
1. ...... sont fatigués. 2. ...... ont de la fièvre. 3. ...... vont chez le médecin. *Le pronom personnel qui convient à tous les verbes est...*	Il	Elles	Ils	
Rémi ... en panne de voiture. Il ... chez le garagiste. *Les verbes conjugués qui conviennent sont...*	est va	es vas	est vas	
1. Je viens te dire « au revoir », je prend l'avion ce soir. 2. Je viens te dire « au revoir », je prends l'avion ce soir. 3. Je vient te dire « au revoir », je prends l'avion ce soir. *Les verbes sont correctement écrits dans la phrase...*	1	2	3	
1. Si tu vient à Paris, on peut déjeuner ensemble. 2. Si tu viens à Paris, on peux déjeuner ensemble. 3. Si tu viens à Paris, on peut déjeuner ensemble. *Les verbes sont correctement écrits dans la phrase...*	1	2	3	
1. Si tu veux, je peux t'accompagner à la bibliothèque. 2. Si tu veux, je peut t'accompagner à la bibliothèque. 3. Si tu veut, je peut t'accompagner à la bibliothèque. *Les verbes sont correctement écrits dans la phrase...*	1	2	3	
« Qu'est-ce que vous .... ? – Nous .... nos devoirs. » *Les verbes conjugués qui conviennent sont...*	faisez faisons	faites faisons	faites faisont	
Vous .... que vous .... de l'alpinisme. Quel courage ! *Les verbes conjugués qui conviennent sont...*	dite faite	disez faisez	dites faites	
Les personnes âgées ne .... pas bien de près. *Le verbe conjugué qui convient est...*	vois	voient	voit	
« Est-ce que .... voyez le panneau STOP ? – Non, avec le brouillard, ... ne voyons pas à dix mètres ! » *Les pronoms personnels qui conviennent sont...*	vous vous	nous vous	vous nous	
			Calcule ton score :	

15 Conjuguer les verbes *être, avoir, aller* et les verbes du 1er groupe à l'imparfait

La buche de Noël

Les enfants de la classe ont préparé une petite fête de Noël et ils ont invité l'arrière-grand-mère d'Agathe. Elle vient d'avoir cent ans ! Agathe s'approche de son aïeule et dit :

« Raconte-nous, grand-mère, comment tu fêtais Noël quand tu étais petite.

– Ce temps-là est bien loin, mes enfants ! Autrefois, quand j'avais votre âge, j'habitais avec mes parents et mes dix frères et sœurs, dans une ferme.

– Est-ce que vous décoriez un sapin de Noël ? Est-ce que les enfants avaient des cadeaux ? interroge Émile.

– Non ! Ni sapin, ni cadeau !

Maï s'étonne :

– Agathe, ta grand-mère n'avait pas de cadeau à Noël !

– Même si vous étiez sages ? interroge Émile.

– Oui, d'ailleurs nous étions toujours sages… ! dit l'arrière-grand-mère en riant Nous avions parfois une orange dans nos sabots. Quelques jours avant Noël, nous allions tous ensemble chercher une buche pour le feu de cheminée. On ne choisissait pas n'importe quel bois ! Mon père coupait le tronc d'un arbre fruitier en bois très dur… »

❶ Barre ce qui est faux.

L'arrière-grand-mère d'Agathe est centenaire.

Les enfants lui demandent de leur raconter une histoire de Noël.

Il y avait onze enfants dans la famille de l'arrière-grand-mère.

La famille habitait en ville.

Les enfants recevaient des chocolats dans leurs sabots.

Le père de la famille coupait une buche pour la mettre dans le feu de cheminée.

❷ Fais ce qu'indique la consigne.

a) Cherche le mot « aïeule » dans le dictionnaire et recopie sa définition.

b) Entoure, dans le texte, le mot qui indique que ce que raconte la grand-mère se passait il y a très longtemps.

c) Souligne en rouge, dans le texte, les verbes conjugués à l'imparfait.

❸ Colle au bon endroit les figurines Verbe à l'infinitif, Pronom personnel et Verbe conjugué. Colle les pronoms personnels dans l'ordre de la conjugaison. Conjugue à l'imparfait les verbes en collant les étiquettes.

ÊTRE

AVOIR

ALLER

4 **Colle au bon endroit les figurines Pronom personnel et Verbe conjugué. Écris les pronoms personnels et les terminaisons de l'imparfait qui conviennent.**

HABITER		FÊTER		COUPER	
☐	☐	☐	☐	☐	☐
....	habit...........	....	fêt...........	....	coup...........
....	habit...........	....	fêt...........	....	coup...........
....	habit...........	....	fêt...........	....	coup...........
....	habit...........	....	fêt...........	....	coup...........
....	habit...........	....	fêt...........	....	coup...........
....	habit...........	....	fêt...........	....	coup...........

5 **Entoure tous les verbes qui s'accordent avec le pronom personnel sujet.**

elle	avait – décorait – regardaient – étais – chantait – coupait
nous	habitions – fêtais – allumions – déposait – passions
je	déposais – décorait – balayait – chantais – passais
ils	avaient – avait – invitaient – parlais – étaient
tu	sautais – aidais – étais – invitait – habitais
vous	chantiez – racontaient – décoriez – parlais – coupiez
on	préparait – aimait – étais – avait – écoutais

6 **Récris la phrase en changeant le pronom personnel sujet.**

Est-ce que tu décorais un sapin ?

Est-ce que vous ....

Ils invitaient toute la famille pour le repas du réveillon. / Nous ....

....

Elles attachaient des rubans roses.

Elle ....

Nous chantions devant la cheminée.

Tu ....

7 Complète les phrases en conjuguant à l'imparfait les verbes *être, aider, aller, planter, attacher, accrocher* et *fixer*.

Quand nous .... petits, nous .... notre grand-mère à décorer le sapin.

Grand-père .... l'acheter au marché. Il le .... dans un pot.

J' .... les guirlandes, mon frère .... les boules

et grand-mère .... l'étoile à la cime de l'arbre.

8 Récris les formes conjuguées en changeant de personne.

tu travaillais → vous........................ je mangeais → tu..............................

elle nettoyait → elles........................ nous étions → on ....

je regardais → nous........................ ils travaillaient → il ....

9 Écris un pronom personnel sujet qui peut s'accorder avec le verbe.

.... allumait la buche le soir de Noël.

.... chantaient devant la cheminée.

.... décorais la buche avec des rubans.

10 Complète les verbes avec les terminaisons correctes de l'imparfait.

Quand j'ét........... enfant, mes parents déménage........... souvent. Dans chaque pays que nous visit........... , je découvr........... des traditions de Noël différentes. En Allemagne, le père Noël ne pass........... pas ; tous les enfants attend........... la venue de Saint Nicolas, il distribu........... des cadeaux. En Italie, c'ét........... une gentille sorcière, « la Befana », elle apport........... des friandises aux enfants sages le jour de l'Épiphanie. De nos jours, ces traditions sont encore bien vivantes !

11 Complète ces phrases en conjuguant à l'imparfait les verbes entre parenthèses.

Le Père fouettard .... le compagnon de Saint Nicolas. (être)

Saint Nicolas .... des bonbons. (apporter)

Le Père fouettard .... des coups de baguette aux enfants méchants. (donner)

Les enfants .... très peur du Père fouettard. (avoir)

Le jour de l'Épiphanie, nous .... la galette des rois. (manger)

16

Conjuguer les verbes *dire*, *faire*, *venir*, *vouloir*, *voir*, *prendre* et *pouvoir* à l'imparfait

La buche de Noël (suite)

L'arrière-grand-mère d'Agathe continue son récit :

« Toute la famille venait assister à la coupe de la buche.

Petits et grands, nous voulions tous aider mon père à transporter la buche de Noël dans la ferme.

Ensuite, les enfants prenaient des feuillages et des rubans et décoraient la buche puis les parents la déposaient dans la cheminée.

Le 24 décembre, veille de Noël, avant de partir à la messe de minuit, mon père allumait la buche. On disait qu'une bonne buche de Noël devait bruler lentement, sans s'éteindre, au moins jusqu'à la fin du repas de réveillon !

Je venais m'assoir devant la cheminée, je voyais danser les étincelles ! J'étais émerveillée ! »

Puis, émue, l'arrière-grand-mère ajoute :

« Autrefois, nous faisions bruler une vraie buche en bois ; de nos jours, c'est un gâteau roulé en forme de buche que nous mangeons ! »

❶ Écris vrai ou faux.

Toute la famille assistait à la coupe de la buche. ....

Les enfants décoraient la buche avec de la peinture. ....

Le père allumait la buche la veille de Noël. ....

On disait qu'une bonne buche devait bruler très rapidement. ....

De nos jours, la buche de Noël est un délicieux gâteau. ....

2 Fais ce qu'indique la consigne.

a) Souligne en rouge, dans le texte, les verbes conjugués à l'imparfait.

b) Entoure en bleu les sujets des verbes conjugués à l'imparfait.

3 Colle au bon endroit les figurines Pronom personnel et Verbe conjugué. Écris les pronoms personnels dans l'ordre de la conjugaison. Conjugue à l'imparfait les verbes en collant les étiquettes.

PRENDRE		POUVOIR		VOULOIR	
☐	☐	☐	☐	☐	☐
....	pren ☐	....	pouv ☐	....	voul ☐
....	pren ☐	....	pouv ☐	....	voul ☐
....	pren ☐	....	pouv ☐	....	voul ☐
....	pren ☐	....	pouv ☐	....	voul ☐
....	pren ☐	....	pouv ☐	....	voul ☐
....	pren ☐	....	pouv ☐	....	voul ☐

4 Écris la conjugaison à l'imparfait des verbes *dire*, *faire*, *voir* et *venir*. Entoure en rouge les terminaisons des verbes.

DIRE				FAIRE			
Je	....	Nous	....	Je	....	Nous	....
Tu	....	Vous	....	Tu	....	Vous	....
Il / Elle	....	Ils / Elles	....	Il / Elle	....	Ils / Elles	....

VOIR				VENIR			
Je	....	Nous	....	Je	....	Nous	....
Tu	....	Vous	....	Tu	....	Vous	....
Il / Elle	....	Ils / Elles	....	Il / Elle	....	Ils / Elles	....

5 Entoure tous les verbes qui s'accordent avec le pronom personnel sujet.

elle	disait – voyait – allait – voulait – prenaient – venais
nous	pouvions – disions – voyions – faisais – venions
je	faisais – voyais – prenais – voyaient – disais
ils	voyaient – voulait – prenaient – voulaient – faisaient
tu	faisais – disais – prenais – voyais – prenait
vous	disiez – veniez – faisiez – voyiez – vouliez
on	voyaient – faisait – voyait – disais – voulait

6 Récris la phrase en changeant le pronom personnel sujet.

À Noël, elle voyait tous les cousins.

À Noël, elles ....

Est-ce que tu allais rendre visite aux voisins ?

Est-ce que vous......................................

....

Nous faisions cuire une dinde pour le réveillon. / Il ....

....

Elle voulait toujours décorer la buche.

Nous ....

7 Complète les phrases en conjuguant à l'imparfait les verbes écrits entre parenthèses.

Nous .... nous coucher très tard le soir du réveillon. (pouvoir)

Tu .... rendre visite à toute ta famille pour Noël. (venir)

Elle .... des gâteaux pour le repas de réveillon. (faire)

Je .... aider à transporter la buche dans la maison. (vouloir)

8 Récris les formes conjuguées en changeant de personne.

tu disais	➜ vous	je venais	➜ tu ....
elle faisait	➜ elles	nous voulions	➜ on ....
je voyais	➜ nous	ils disaient	➜ il ....
il prenait	➜ ils	tu voyais	➜ vous ....

9 Écris un pronom personnel sujet qui peut s'accorder avec le verbe dans chacune des quatre phrases suivantes.

.... disait des poèmes devant toute la famille.

.... faisaient des jeux avec leurs cousins.

.... venais chez mes grands-parents à chaque Noël.

Quand .... voyions danser les étincelles, ... étions émerveillés.

⑩ Complète les verbes avec les terminaisons correctes de l'imparfait.

Quand nous ét......... enfants, nous pren......... le train pour aller chez nos grands-parents.

Nous pass........... les vacances avec nos cousins.

Nous voul........... tous décorer le grand sapin du salon.

Je pren........... les guirlandes pour m'en faire des colliers !

Grand-mère s'occup........... de faire des truffes au chocolat.

De temps en temps, elle ven........... nous voir et elle dis........... : « Quel beau sapin nous allons avoir ! »

⑪ Recopie ces phrases en mettant le verbe à l'imparfait.

Je fais des batailles de boules de neige avec mes cousins.

....

Ma tante prend le dernier train pour Paris.

....

Ma petite sœur veut construire un bonhomme de neige.

....

Nous voyons la neige tomber.

....

⑫ Cherche dans le dictionnaire ces noms de métiers disparus :

le rémouleur – le colporteur – l'allumeur de réverbères – la lavandière – l'apothicaire

Puis utilise ces mots pour écrire une phrase à l'imparfait.
Aide-toi des ces verbes :

laver – fabriquer – vendre – allumer – se déplacer

Exemple : Autrefois, le sabotier fabriquait des sabots en bois.

Bilan 8

Entoure la bonne réponse et calcule ton score (1 point par réponse exacte).

				Points
Quand elle .... un chien, Fantine .... et elle se .... *Dans cette phrase à l'imparfait, les verbes qui conviennent sont…*	voyais hurlais sauvais	voyait hurlait sauvait	voyaient hurlaient sauvaient	
Nous ne pren......... jamais le même chemin quand nous all...... à l'école. *Dans cette phrase à l'imparfait, les verbes se terminent par…*	ons	ions	ont	
Quand ...... étais enfant, ... faisais des spectacles avec mon frère : ...... dansions, ... chantions, ... faisions des acrobaties devant toute la famille, ... avions beaucoup de succès ! *Les pronoms personnels qui conviennent sont…*	je (×2) nous (×4)	tu (×2) nous (×4)	j' je nous (×4)	
Quand il .... jeune, mon père .... dans une chorale, il .... des concours de chant, il .... devenir chanteur. *À l'imparfait, les verbes qui conviennent sont…*	étaient chantait faisait voulais	étaient chantait faisais voulait	était chantait faisait voulait	
Tous les étés, mes cousins et moi, nous .... en Vendée chez nos grands-parents. Nos parents .... nous rejoindre. *À l'imparfait, les verbes qui conviennent sont…*	alliez venait	allions venais	allions venaient	
1. Allait-tu à l'école en voiture ou prenait-tu le bus ? 2. Allaient-tu à l'école en voiture ou prenais-tu le bus ? 3. Allais-tu à l'école en voiture ou prenais-tu le bus ? *Les verbes sont correctement écrits dans la phrase…*	1	2	3	
À la course, tu dis...... toujours que tu ét...... le plus fort, mais tu av......... très souvent tort ! *Dans cette phrase à l'imparfait, les verbes se terminent par…*	aient	ais	ait	
1. Vous vouliez voyager, mais le vol coutait trop cher ! 2. Vous voulaient voyager, mais le vol coutais trop cher ! 3. Vous vouliez voyager, mais le vol coutaient trop cher ! *Les verbes sont correctement écrits dans la phrase…*	1	2	3	
.... preniez le train tous les matins et .... rencontriez souvent les mêmes personnes. *Les pronoms personnels qui conviennent sont…*	Nous vous	Vous nous	Vous vous	
.... pouvait rester en apnée très longtemps mais, moi, ... ne pouvais même pas mettre la tête sous l'eau ! *Les pronoms personnels qui conviennent sont…*	Je tu	Tu je	Elle je	
			Calcule ton score :	

18 Conjuguer les verbes *être*, *avoir* et les verbes du 1er groupe au futur

Vivre en 2050

Lors de la fête de la science, Victor et ses parents visitent un laboratoire scientifique. Une chercheuse leur explique comment nous vivrons probablement en 2050 :
« Les nouvelles technologies changeront certainement nos façons de vivre…
Grâce aux écrans souples, nous aurons des écrans de télévision et d'ordinateur projetés tout autour de nous, sur n'importe quelle surface. Finis les blocs-notes, les cartes routières, nous afficherons n'importe quels texte ou image en couleur sur une simple feuille de papier.
Le miroir de la salle de bains, par exemple, sera transformé en écran d'ordinateur sur lequel nous pourrons lire des informations concernant notre état de santé. Ainsi, Victor, ce miroir affichera en quelques secondes ta taille et ton poids !
Côté vestimentaire, Monsieur, vous porterez une chemise odorante ; et elle changera de couleur en fonction du rayonnement du soleil.

Victor interrompt la chercheuse :
– Moi, j'aurai une chemise à l'odeur de la barbapapa !
La chercheuse sourit et poursuit :
– Quand les enfants saliront leurs vêtements, plus de dispute avec les parents ! Les vêtements se nettoieront tout seuls car ils contiendront des capsules chargées de produits nettoyants.
Victor s'exclame :
– C'est super, ça donne déjà envie d'y être… Par contre, je serai vieux en 2050 !
– Tu ne seras pas vieux ! Tu auras un peu plus de 40 ans ! réplique son papa.
– C'est vrai, mais vous, Papa, Maman, vous serez sûrement déjà grands-parents ! »

1 Barre ce qui est faux.

La scène se passe dans une salle de classe.

Les nouvelles technologies ne modifieront pas notre mode de vie.

Des informations sur notre santé pourront s'afficher sur notre miroir.

Les vêtements pourront changer de couleur en fonction du soleil.

Victor a déjà envie d'être en 2050.

2 Fais ce qu'indique la consigne.

a) Souligne en rouge, dans le texte, tous les verbes qui sont conjugués au futur.

b) Entoure en bleu le sujet de chaque verbe conjugué au futur.

3 Colle au bon endroit les figurines Pronom personnel et Verbe conjugué. Écris les pronoms personnels dans l'ordre de la conjugaison. Conjugue au futur les verbes en collant les étiquettes.

CHANGER		PORTER		COUPER	
....	changer	....	porter	....	couper
....	changer	....	porter	....	couper
....	changer	....	porter	....	couper
....	changer	....	porter	....	couper
....	changer	....	porter	....	couper
....	changer	....	porter	....	couper

4 Écris la conjugaison des verbes *être* et *avoir* au futur. Entoure en rouge les terminaisons des verbes puis recopie-les en rouge.

ÊTRE				AVOIR			
Je	....	Nous	....	J'	....	Nous	....
Tu	....	Vous	....	Tu	....	Vous	....
Il / Elle	....	Ils / Elles	....	Il / Elle	....	Ils / Elles	....

je	→ r + ...	nous	→ r + ...
tu	→ r + ...	vous	→ r + ...
il / elle	→ r + ...	ils / elles	→ r + ...

❺ Entoure tous les verbes qui s'accordent avec le pronom personnel sujet.

elle	sera – aura – portera – grossiras – chantera – seras
nous	parlerons – mangeront – serons – auront – regarderont – marcherons
je / j'	serez – serai – chantera – travaillerai – aurai – porterai
ils	auront – aurons – porterons – seront – joueront
tu	seras – aura – parlera – changeras – auras
vous	aurez – chanterez – serez – changera – aurai – serai
on	écoutera – sera – déplaceras – aura – inventeras – regardera

❻ Récris la phrase en changeant le pronom personnel sujet.

Dans vingt ans, j'aurai des écrans sur tous les murs.

Dans vingt ans, nous ....

Nous aurons tous des robots.

Ils ....

Ils travailleront à notre place.

Il ....

Est-ce qu'ils soigneront les personnes malades ?

Est-ce que vous ....

❼ Complète les phrases en conjuguant les verbes entre parenthèses au futur.

En 2050, tu (avoir) .... plus de 45 ans, tu (être) .... peut-être père !

Tes amis et toi, vous (être) .... tous équipés de super robots et vous (avoir) .... des métiers actuellement inexistants.

Moi, je (être) .... très âgée, mais mon espérance de vie (augmenter) .... encore grâce au progrès !

8 Complète les phrases en conjuguant les verbes entre parenthèses au futur.

Moi, plus tard, s'exclame Louise, je (être) .... ingénieure en robotique ! J' (imaginer) .... et j' (inventer) .... de nouvelles sortes de robots : ils (voyager) .... dans des endroits inconnus de l'espace. Grâce à mes ordres, mes robots (explorer) .... de nouvelles planètes et nous (découvrir) .... sûrement d'autres formes de vie !

9 Écris un pronom personnel sujet qui peut s'accorder avec le verbe.

.... serez surpris par les nouvelles inventions.

.... aura des jouets robotisés.

.... possèderas un micro-ordinateur sur tes lunettes.

.... jouerons au football avec des robots.

.... seront peut-être plus forts que les humains !

10 Récris les formes conjuguées en changeant de personne.

tu parleras ➜ il ....

elle sera ➜ elles ....

je parlerai ➜ nous ....

il aura ➜ ils ....

je serai ➜ vous ....

ils fabriqueront ➜ nous ....

vous serez ➜ il ....

nous marcherons ➜ je ....

11 Complète ces phrases en conjuguant au futur les verbes entre parenthèses.

Des robots-gardiens .... tout ce qui se passe dans la maison. (surveiller)

Est-ce qu'il y .... des robots-maitresses dans les écoles ? (avoir)

Est-ce que les robots .... mieux que les hommes ? (travailler)

Les robots .... -ils plus intelligents que les humains ? (être)

19 Conjuguer les verbes *aller, dire, faire, voir, venir, vouloir, prendre* et *pouvoir* au futur

Vivre en 2050 (suite)

La chercheuse continue ses explications :

« En 2050, tu verras des robots de toutes sortes ! Tout le monde voudra en avoir !

– Des robots, ce sera formidable ! s'exclame Victor. J'aurai un ami robot et j'irai partout avec lui !

– Un ami, je ne sais pas… réagit la chercheuse. Mais il est vrai qu'il y aura des robots compagnons de jeu, comme la poupée-robot qui jouera, dormira, reconnaitra ton visage ; elle pourra même répondre à tes questions…

Mais, ce qui est important, c'est que nous pourrons utiliser des robots dans une multitude de domaines et dépasser nos limites… Par exemple, certains robots iront explorer l'espace pour découvrir de nouvelles planètes… En médecine, il existera des nanorobots, si petits que les médecins pourront les injecter dans le corps des malades pour les soigner.

Certains robots serviront aussi à nous simplifier la vie. Par exemple, à la maison, un robot fera le ménage pendant que nous ferons la sieste !

Et pour rendre visite à tes parents, Victor, tu n'auras pas besoin de conduire, tu prendras ta voiture sans chauffeur ; elle se déplacera toute seule, comme les avions en pilotage automatique !

– Et vous aussi, Papa et Maman, vous viendrez me voir ! Vous direz à votre voiture : "Va chez Victor !" Vous m'apporterez mon gâteau préféré, cuisiné par mon super… Papa ! » ajoute Victor en riant.

1 Écris vrai ou faux.

Certains robots exploreront l'espace pour découvrir de nouvelles planètes. …………

Les nanorobots sont des robots géants. …………

Les médecins pourront injecter des nanorobots dans le corps des malades. …………

Nous circulerons dans des voitures sans chauffeur. …………

Les poupées-robots pourront reconnaitre les visages. …………

2 Fais ce qu'indique la consigne.

a) Souligne en rouge, dans le texte, tous les verbes qui sont conjugués au futur.

b) Entoure en bleu le sujet de chaque verbe conjugué au futur.

3 Conjugue au futur les verbes *aller, dire, faire, voir* en collant les étiquettes, puis en complétant le tableau.

	ALLER	DIRE	FAIRE	VOIR

J'/ je	irai			
Tu	....	diras	....	....
Il / elle	....	....	fera	....
Nous	....	....	....	verrons
Vous	irez	....	....	....
Ils / elles	....	diront	....	....

4 Complète la conjugaison au futur des verbes *venir, vouloir, prendre, pouvoir*. Puis entoure en rouge les terminaisons.

	VENIR	VOULOIR	PRENDRE	POUVOIR
Je	viendrai	voudrai	prendrai	pourrai
Tu	....	....	....	....
Il / elle	....	....	....	....
Nous	....	....	....	....
Vous	....	....	....	....
Ils / elles	....	....	....	....

5 Entoure tous les verbes qui s'accordent avec le pronom personnel sujet.

elle	ira – verra – pourrez – feras – voudrons – viendra
nous	pourrons – iront – verra – voudrez – ferons – viendront
je	voudrez – verrai – fera – pourrai – iras – viendrai
ils	verront – ferons – pourra – voudront – iras – viendront
tu	feras – ira – viendrez – verras – pourra – voudras
vous	irai – pourront – ferez – verrez – voudrons – viendrai
on	pourras – fera – verront – ira – voudras – viendra

6 Récris la phrase en changeant le pronom personnel sujet.

La semaine prochaine, vous irez au salon de la robotique.

La semaine prochaine, ils ....

Je viendrai avec vous.

Nous ....

Tu verras un robot qui aspire tout seul.

Elles ....

Elles voudront sûrement en acheter un.

Elle ....

Il fera le ménage à notre place.

Ils ....

7 Complète les phrases en conjuguant au futur les verbes entre parenthèses.

Vous .... (voir) des robots qui .... (ressembler) à des hommes.

Les robots .... (aller) remplacer les hommes dans les travaux dangereux.

Ils .... (faire) ce que les hommes leur .... (demander) de faire.

Les personnes handicapées .... (pouvoir) bientôt se déplacer grâce à une combinaison robotique.

8 Écris un pronom personnel sujet qui peut s'accorder avec le verbe.

.... voudra un robot jardinier.

.... viendras travailler dans une voiture sans chauffeur.

.... ferons les courses avec nos robots.

.... prendrez l'habitude de vivre avec des robots.

.... y aura des robots maçons : .... pourront construire des maisons.

9 Récris les formes conjuguées en changeant de personne.

tu iras → il........................
elle verra → elles ....
je viendrai → nous ....
il prendra → ils ....
je ferai → vous ....
ils pourront → nous ....
vous direz → il ....
nous voudrons → je ....

10 Complète les phrases en conjuguant au futur les verbes entre parenthèses.

Les nouvelles technologies .... (prendre) beaucoup d'importance dans nos vêtements.

On .... (pouvoir) porter des polos qui .... (changer) de couleur quand on les .... (toucher).

Nos chaussures nous .... (dire) à quelle vitesse nous courons.

Elles .... (pouvoir) aussi nous indiquer à quelle hauteur nous sautons.

Quand il .... (faire) chaud, les manches des vêtements .... (être) courtes et elles .... (pouvoir) se rallonger toutes seules s'il fait froid.

11 Complète ces phrases en conjuguant au futur les verbes entre parenthèses.

Est-ce que les robots .... (dire) des gros mots ?

Est-ce qu'ils .... (faire) des bêtises ?

Est-ce qu'ils .... (être) punis ?

Est-ce que les parents .... (faire) garder leurs enfants par des robots nounous ?

12 Imagine et décris le robot de tes rêves. Explique ce qu'il pourra faire. Utilise des verbes conjugués au futur.

Bilan 9

Entoure la bonne réponse et calcule ton score (1 point par réponse exacte).

				Points
Pendant ton absence, je soignerai ton chat, je ramasserai ton courrier et j'arroserai tes plantes vertes. *À quel temps les verbes sont-ils conjugués ?*	présent	futur	imparfait	
À Noël, nous …… chez nos grands-parents ; nos cousins …… avec nous. *Dans cette phrase au futur, les verbes corrects sont…*	irons viendrons	iront viendront	irons viendront	
« Iras-…… chez ton ami en métro ou prendras-…… le bus ? – Ni l'un ni l'autre, …… marcherai ! » *Les pronoms personnels qui conviennent sont…*	tu tu je	tu je tu	je tu tu	
1. Tu changera d'avis quand tu liras ce livre. 2. Tu changeras d'avis quand tu lira ce livre. 3. Tu changeras d'avis quand tu liras ce livre. *Les verbes sont correctement écrits dans la phrase…*	1	2	3	
…… prendrons le train à midi et …… arriverons tard le soir. Est-ce que …… pourras venir nous chercher à la gare ? *Les pronoms personnels qui conviennent sont…*	Ils ils tu	Nous tu nous	Nous nous tu	
Quand vous gouter…… mon gâteau, vous le trouver…… si délicieux que vous voudr…… en reprendre ! *Dans cette phrase au futur, les verbes se terminent par…*	ez	er	é	
Dimanche prochain, vous …… chez nous et vous …… notre nouvelle voiture. Vous …… l'essayer. *Dans cette phrase au futur, les verbes corrects sont…*	viendrai verrez pourrez	viendrez verrez pourrez	viendrez verrai pourrez	
Mes amies ser…… étonnées quand elles verr…… mon adorable petit chien. Elles voudr…… toutes le caresser. *Dans cette phrase au futur, les verbes se terminent par…*	ons	ent	ont	
1. Nous irons au gymnase demain matin. 2. Nous allerons au gymnase demain matin. 3. Nous iront au gymnase demain matin. *Les verbes sont correctement écrits dans la phrase…*	1	2	3	
1. Tu feras des bêtises et tu dira que ce n'est pas toi ! 2. Tu fera des bêtises et tu diras que ce n'est pas toi ! 3. Tu feras des bêtises et tu diras que ce n'est pas toi ! *Les verbes sont correctement écrits dans la phrase…*	1	2	3	
			Calcule ton score :	

Conjuguer les verbes *être*, *avoir* et les verbes du 1er groupe au passé composé

On a marché sur la Lune

Le présentateur du journal télévisé annonce le décès de Neil Armstrong. Julie interroge son grand-père :

« Papi, est-ce que tu as connu Neil Armstrong ?

– Oui, bien sûr ! Pour la première fois dans l'histoire de l'humanité, le 20 juillet 1969, des hommes ont marché sur la Lune ! Trois Américains, Neil Armstrong, Michael Collins et Edwin Aldrin, sont arrivés sur la Lune à bord du vaisseau spatial Apollo. Une caméra a filmé ces instants inoubliables et j'ai eu la chance de voir ces images extraordinaires en direct ! Quand Neil Armstrong est sorti de la fusée, il a fait ses premiers pas sur le sol lunaire et il a déclaré : "C'est un petit pas pour un homme, mais un bond de géant pour l'humanité !"

– Ça alors, tu as été très impressionné car tu n'as pas oublié ce qu'il a dit ! s'exclame Julie.

– J'avais alors 20 ans, raconte papi Jack, je suis resté toute la nuit devant le téléviseur et mes parents sont restés avec moi !

– Vous avez regardé la télévision toute la nuit ! s'indigne Julie.

Papi sourit et corrige :

– Non, j'exagère ! J'ai regardé la télévision seulement une grande partie de la nuit ! Mais nous avons eu beaucoup de mal à nous endormir car nous étions très excités par ce moment historique ! »

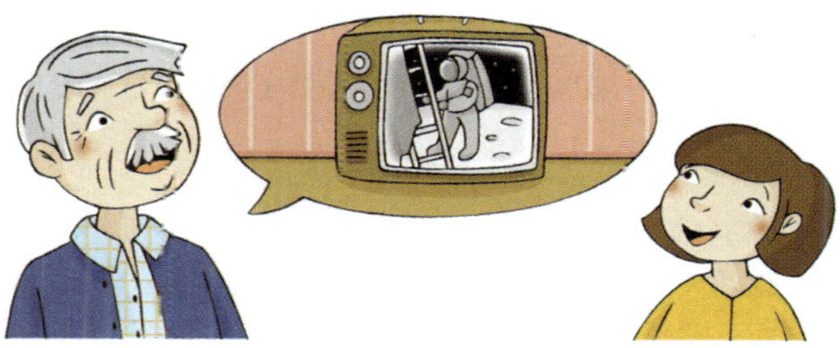

❶ Coche ce qui est vrai.

En 1969, des hommes ont marché sur la Lune. ☐

Neil Armstrong raconte à Julie ce moment historique. ☐

Le grand-père de Julie a regardé les images en direct à la télévision. ☐

Les trois astronautes étaient américains. ☐

Le vaisseau spatial s'appelait Aldrin. ☐

2 Fais ce qu'indique la consigne.

a) Souligne en rouge, dans le texte, les formes conjuguées au présent des verbes « être » et « avoir », puis encadre en rouge les participes passés.

b) Écris le temps de conjugaison : p........................ c..........................

3 Colle les figurines Verbe à l'infinitif et Verbe conjugué. Écris la conjugaison des verbes *avoir* et *être* au passé composé.

Verbe à l'infinitif	AVOIR	ÊTRE
Participe passé du verbe	....	....
Verbe conjugué au passé composé	j'	j' ....
	tu	tu ....
	il/elle	il/elle ....
	nous	nous ....
	vous	vous ....
	ils/elles	ils/elles ....

4 Complète la conjugaison des verbes *parler* et *jouer* au passé composé.

		parler
j'	....	....
tu	....	....
il	....	....
elle	....	....
nous	....	....
vous	....	....
ils	....	....
elles	....	....

		jouer
j'	....	....
tu	....	....
il	....	....
elle	....	....
nous	....	....
vous	....	....
ils	....	....
elles	....	....

Complète la conjugaison des verbes *tomber* et *aller* au passé composé en conjuguant le verbe *être* et en collant le participe passé.

		tomber	
Je	suis	tombé	tombée
Tu	....		tombée
Elle	....	–	
Nous	....	tombés	tombées
Vous	....	tombés	
Ils	....		–

		aller	
Je	....	allé	allée
Tu	....	allé	
Elle	....		–
Nous	....	allés	allées
Vous	....		allées
Ils	....	–	

5 Entoure tous les verbes qui s'accordent avec le pronom personnel sujet.

elle	a marché – est partie – a chanté – as regardé
nous	avons joué – ont chanté – sommes arrivées – sommes arrivés
j'	ai travaillé – as fait – ai vu – ai regardé
ils	a écouté – sont allés – as marché – ont mangé
tu	as chanté – as mangé – est arrivé – as gagné
vous	ont marché – avez téléphoné – êtes arrivés – avez dessiné
on	a marché – as marché – est arrivé – a joué

6 Relie l'infinitif de chaque verbe à son participe passé.

aller •	• chanté	regarder •	• regardé
arriver •	• arrivé	avoir •	• été
chanter •	• allé	être •	• eu

7 Souligne les verbes conjugués et écris-les dans le tableau page suivante.

Ils voulaient d'abord savoir si des êtres vivants pouvaient résister à un voyage spatial.

On a essayé avec des animaux : des rats, un chien, un singe.

En 1961, pour la première fois, un homme a voyagé dans l'espace : Youri Gagarine.

Il a fait le tour complet de la Terre. C'était le début de la conquête de l'espace.

Verbes conjugués à l'imparfait	Verbes conjugués au passé composé
....	....
....	....
....	....

8 Recopie les phrases en conjuguant les verbes au passé composé.

Trois astronautes décollent vers la Lune.

....

Le voyage dure 4 jours.

....

Le module lunaire arrive sur la Lune.

....

Neil Armstrong marche sur la Lune.

....

Il plante le drapeau américain sur le sol lunaire.

....

Les astronautes ramassent des roches.

....

9 Récris la phrase en changeant le pronom personnel sujet.

Ils ont exploré le sol de la Lune.

Il ....

Vous avez récolté des échantillons de roches.

Tu ....

Nous avons photographié la surface de la Lune.

Ils ....

Ils sont revenus en bonne santé sur terre.

Je ....

⑩ Écris un pronom personnel sujet qui peut s'accorder avec le verbe.

.... as regardé un documentaire sur la Lune.

.... sommes allés visiter la Cité de l'espace, à Toulouse.

À la télévision, ... ai vu le lancement d'une navette spatiale.

.... ont marché sur la Lune, ... sont devenus des héros.

⑪ Complète les phrases en conjuguant au passé composé les verbes entre parenthèses.

La navette spatiale .... plusieurs voyages entre la Terre et l'espace. (effectuer)

Les astronautes .... une combinaison spéciale pour sortir dans l'espace. (enfiler)

Ils .... un satellite en panne. (réparer)

Seize pays .... à la construction de la station spatiale internationale. (participer)

À bord de l'ISS, on .... des expériences scientifiques (faire) et on .... l'univers. (admirer)

⑫ Récris les formes conjuguées en changeant de personne.

tu es parti	➜ elles.....................	j'ai fait	➜ vous.....................
elle a regardé	➜ elles.....................	ils ont visité	➜ nous.....................
j'ai vu	➜ nous.....................	vous avez voyagé	➜ il ....
il a dit	➜ ils........................	nous sommes arrivés	➜ je ....

⑬ Tu as été invité(e) à l'anniversaire de ton ami(e). Raconte ce que vous avez fait.

Bilan 10

Entoure la bonne réponse et calcule ton score (1 point par réponse exacte).

				Points
Mathilde a invité ses amis, elle a préparé une tarte aux pommes. Ses amis ont apporté des chocolats. *À quel temps les verbes sont-ils conjugués ?*	participe passé	passé composé	imparfait	
1. La semaine dernière, tu as visité ce zoo. 2. La semaine dernière, tu a visiter ce zoo. 3. La semaine dernière, tu a visité ce zoo. *Le verbe est correctement écrit dans la phrase…*	1	2	3	
……… a eu huit ans hier, ……… a eu un vélo neuf. *Un même pronom personnel convient. Lequel ?*	Tu	Elle	J'	
1. Papi a organiser une fête pour son départ en retraite. 2. Papi as organisé une fête pour son départ en retraite. 3. Papi a organisé une fête pour son départ en retraite. *Le verbe est correctement écrit dans la phrase…*	1	2	3	
…… avez eu une médaille car …… avez gagné la course. *Un même pronom personnel convient. Lequel ?*	Il	Vous	Elles	
Ma mère ……… son train, elle ……… en retard au travail. *Au passé composé, les verbes qui conviennent sont…*	a raté est arrivée	as raté est arrivé	a raté es arrivé	
Mercredi, nous avons ……… aux cartes, nous avons ……… et nous avons ……… un dessin animé. *Les participes passés des verbes s'écrivent…*	joué gouter regardez	jouez gouté regardé	joué gouté regardé	
Ils ……… très chaud quand ils ……… piqueniquer. *Au passé composé, les verbes qui conviennent sont…*	ont eu sont allés	on eu sont allés	ont eu sont aller	
1. Elles ont étaient surprises de nous rencontrer. 2. Elles ont était surprises de nous rencontrer. 3. Elles ont été surprises de nous rencontrer. *Les verbes sont correctement écrits dans la phrase…*	1	2	3	
1. Mon frère est rentrée très tard. 2. Mon frère est rentré très tard. 3. Mon frère est rentrés très tard. *Le participe passé est bien accordé dans la phrase…*	1	2	3	
			Calcule ton score :	